Organização de

Lucinha Silveira

Adriana Duarte da Silva & Amanda S. Rangel & Andrea Lindenberg
Cassiane Dorigon & Francine Pereira & Giuliana Cohen
Gláucia Gomes & Gracieli Lima & Leandra Ferreira Marques Nobre
Luciano Moura Martins & Luiz Carlos de Oliveira & Marcelle Sarmento
Marina Jumes & Thais Veigas & Thiago Volpi & Wanessa Guimarães

Eu disse sim, e agora?

Um guia prático com inspirações para tornar seu casamento inesquecível

Gente AUTORIDADE

Diretora
Rosely Boschini
Gerente Editorial Sênior
Rosângela de Araujo Pinheiro Barbosa
Editora Júnior
Carolina Forin
Assistente Editorial
Fernanda Costa
Produção Gráfica
Fábio Esteves
Coordenação Editorial e Preparação de Texto
Algo Novo Editorial
Capa
Miriam Lerner | Equatorium Design
Projeto Gráfico e Diagramação
Vanessa Lima
Revisão
Natália Mori
Wélida Muniz
Impressão
Gráfica Rettec

Rua Natingui, 379 – Vila Madalena
São Paulo, SP – CEP 05443-000
Telefone: (11) 3670-2500
Site: www.editoragente.com.br
E-mail: gente@editoragente.com.br

Dados Internacionais de Catálogo na Publicação (CIP)
Angélica Ilacqua CRB-8/7057

Eu disse sim, e agora? : um guia prático com inspirações para tornar seu casamento inesquecível / organização de Lucinha Silveira. – São Paulo : Autoridade, 2024.
192 p. : il., color.

ISBN 978-65-88523-83-4

1. Cerimônias de casamento - Organização I. Silveira, Lucinha

23-5174 CDD 306.81

Índice para catálogo sistemático:
1. Cerimônias de casamento - Organização

Nota da publisher

Depois do "sim", inicia-se uma fase maravilhosa na vida do casal. É hora de planejar todos os mínimos detalhes da grande festa que oficializará a vida a dois – e também é o momento de sonhar com os dias que virão. Porém, com a alegria, surgem muitas dúvidas e angústias. Afinal, por onde começar? O que não pode ser esquecido? Como tomar decisões com segurança? Se você está organizando um casamento ou se pretende começar os preparativos em breve, talvez já esteja passando por esse turbilhão de sentimentos...

Uma coisa da qual nunca podemos nos esquecer é que cada fase deve ser vivida com leveza, amor e parceria. E isso também é válido durante o planejamento da festa. Existem dezenas de pontos a serem estudados, mas essa caminhada rumo ao futuro fica muito mais prazerosa quando temos bons guias, pessoas nas quais podemos confiar, que nos ajudarão em cada decisão.

Lucinha reuniu experts sobre diversos temas que rodeiam o mundo dos casamentos e nos guia na escolha do vestido ideal. Giuliana nos apresenta o grande maestro dos casamentos: a assessoria. Wanessa mostra como planejar financeiramente o casamento. Adriana ensina como lidar com todos os contratos envolvidos. Thiago e Andrea dão um passo a passo para quem quer emagrecer antes do grande dia. Leandra sabe como cuidar da pele para que os noivos estejam radiantes. Luiz auxilia quem busca sua melhor versão por meio de uma cirurgia plástica. Francine traz dicas de estética corporal para nos sentirmos bem todos os dias. Thais sabe capturar retratos e momentos para que sejam eternizados em fotografias. Marina é a responsável pela doçura e sabores do dia da festa. Gracieli sabe o que é preciso para um bom penteado e maquiagem. Amanda vai ajudar a escolher o celebrante ideal, que dará o ritmo da cerimônia. Gláucia será a responsável por ajudar os noivos no controle da mente. Luciano é quem transforma o sonho da lua de mel em realidade. Marcelle traz dicas para montar a primeira casa a dois. E Cassiane fala sobre sexualidade e bem-estar nos relacionamentos.

Aproveite cada dica contida aqui como uma maneira de criar memórias felizes para você e seu amor. Entre nessa aventura com boas companhias e prepare-se para curtir cada minuto ao máximo.

Boa leitura!

Rosely Boschini – CEO e publisher da Editora Gente

Sumário

Roberto Shinyashiki

Prefácio

O casamento é um dos momentos mais importantes e especiais na vida de um casal. É uma jornada repleta de sonhos, expectativas e (muita!) ansiedade. Sim, a ansiedade é comum, pois são tantas coisas que precisam ser organizadas e planejadas não apenas para a festa, mas também para a vida a dois que está prestes a começar: contratos, finanças, convidados, cerimônia, docinhos, vestido, estética, casa... E a pressão para que tudo fique perfeito é tão grande que a possibilidade de imprevistos é angustiante. Mas imprevistos acontecem! Com certeza você já foi a algum casamento em que algo inesperado aconteceu e foi preciso uma decisão rápida para evitar maiores transtornos, certo? Por isso, é fundamental que os noivos façam um bom planejamento para minimizar os riscos e que estejam preparados para lidar com os possíveis problemas – ou a situação pode se tornar ainda mais complicada e acabar prejudicando as lembranças de momentos que deveriam ser de pura alegria.

Eu me lembro de um casamento para o qual fui convidado no qual a falta de planejamento e preparo dos noivos e da equipe para lidar com os problemas ficou evidente. A chuva não prevista gerou atraso no início da cerimônia, pois não havia outro espaço preparado para a festa, o que acarretou outros transtornos, como a comida ser servida fria. Durante a festa, a noiva, já abalada emocionalmente com o imprevisto anterior, se mostrou descontente com a música tocada pela banda contratada. O DJ que entrou para substituir também não agradou e, por fim, a irmã do noivo precisou assumir o controle da trilha sonora do evento. Tudo isso gerou conflitos até mesmo com os convidados, deixando lembranças desagradáveis de uma data tão importante para o casal. Veja que tudo isso poderia ter sido evitado com um pouco mais de preparo e organização.

Lidar com todas as novas decisões que se apresentam pelo caminho, consciente de que haverá momentos desafiadores, mas também oportunidades de crescimento e autoconhecimento, é essencial para que a magia do casamento aconteça. Se você está com este livro em mãos, provavelmente está passando por esse momento tão especial e, ao mesmo tempo, turbulento. Meu objetivo com a história que acabei de contar não é assustar você, mas mostrar como pode ser simples evitar diversos obstáculos com a orientação correta e, principalmente, com organização. Ao optar por fazer esta leitura, você já deu o primeiro passo em direção ao sucesso do seu casamento, pois aqui você encontrará informações valiosas para dar início ao seu planejamento.

Em *Eu disse sim, e agora?*, Lucinha Silveira, estilista especializada em casamentos que já se dedica há mais de três décadas a transformar os sonhos das noivas em realidade, reuniu outros dezesseis profissionais de diversas áreas para ajudar casais a planejar e organizar o casamento e a vida a dois. Da estética ao vestido, da lua de mel à vida sexual do casal, da arquitetura do novo lar ao planejamento financeiro, dos docinhos à maquiagem, dos contratos à cerimônia, os profissionais reunidos nestas páginas vão guiar os noivos não só até o altar, mas também na construção de uma relação tranquila e feliz.

Então, querida noiva, querido noivo, venha aprender a escrever esse novo capítulo da sua vida. Respire fundo, sinta a energia pulsando em seu coração, segure firme o buquê dos seus sonhos e não se esqueça das alianças, símbolo de todo o amor dessa linda união. Leia este livro com o coração aberto, pois ele estará ao seu lado em cada passo do caminho. Eu recomendo! A jornada está prestes a começar, e agora, mais do que nunca, é hora de transformar o seu casamento em um evento único e inesquecível. Vamos lá!

Roberto Shinyashiki

Ao optar por fazer esta leitura, você já deu o primeiro passo em direção ao sucesso do seu casamento.

Lucinha Silveira

Introdução

Quero iniciar este livro dando-lhe os parabéns! Parabéns por ter se dado a chance de viver uma história de amor. Parabéns por ter falado sim para uma decisão tão importante. Por ser quem você é, por escolher estar ao lado de uma pessoa especial com quem compartilhar sorrisos, conquistas, lágrimas e abraços.

Esse caminho, do sim ao matrimônio, é um dos mais importantes da vida do ser humano, e marca o início de uma jornada simplesmente linda. Não tenho palavras para expressar aqui o quanto fico feliz por você estar conosco e por ter decidido entender melhor os pontos mais importantes que envolvem um casamento, da preparação aos cuidados necessários após a data especial. Essa jornada é de pura magia e emoção. E você já está embarcando em uma emocionante trajetória de preparativos para o grande dia.

Como organizadora do projeto, fiz um processo de curadoria para reunir excelentes profissionais do ramo de casamentos e eleger os temas mais relevantes para que, com as informações e ideias certas, você e seu parceiro ou parceira possam viver felizes e aproveitar plenamente a comemoração. Ao lado de dezesseis experts no assunto, trouxe o que há de mais importante sobre casamentos, além das ferramentas e orientações necessárias para tornar esse caminho leve, prazeroso e memorável para você e o seu amor.

Falaremos sobre assessoria de casamento, planejamento financeiro, escolha do celebrante, estética corporal, fotografia, docinhos, emagrecimento, controle das emoções, modalidade de casamento, contratos com prestadores, cirurgia plástica, vestido de noiva, viagem de lua de mel, sexualidade, pele perfeita e muito mais... A curiosidade já bateu aí? Você nem imagina quanto conteúdo valioso encontrará nas próximas páginas.

O casamento perfeito, aquele que está nos seus sonhos, é possível! E tenho certeza de que você conseguirá ter muitos insights a partir do que planejamos nesta obra. Vamos caminhar desde a busca pelo vestido de noiva perfeito (minha especialidade!) até a organização financeira e sexualidade pós-casamento – ponto fundamental para manutenção de uma boa e saudável vida a dois.

Como organizadora do livro, quero que você aproveite cada momento e separe um espaço para fazer anotações conforme finalizar cada capítulo. O conteúdo que você tem em mãos teve a colaboração das maiores empresas direcionadas ao mundo das noivas e noivos.

Por ser uma celebração do amor, a felicidade que envolve esse momento deve ser vivida e sentida intensa e profundamente. Por isso, convido você, noiva ou noivo, a aproveitar cada etapa desse processo, valorizando o sentimento que trouxe o casal até aqui e compartilhando alegria com seus amigos e familiares.

Acredite: não há detalhe pequeno demais quando se trata de realizar o casamento dos seus sonhos. Cada escolha, cada toque pessoal, contribui para transformar essa ocasião em uma experiência verdadeiramente memorável, tanto para os noivos quanto para os convidados.

Essa jornada rumo ao altar que vocês viverão juntos é uma oportunidade de crescimento, de construir memórias e fortalecer laços. Por isso, vejo este projeto mais como um guia prático e fonte de inspiração e conforto para trazer segurança e confiança às suas decisões, para que você tenha a certeza de que está fazendo as melhores escolhas.

Portanto, querida noiva ou noivo, vamos juntos nessa emocionante jornada rumo ao grande dia! Acredite no poder do amor que lhe trouxe até aqui e confie que, com as orientações e ideias presentes neste livro, você será capaz de tornar esse momento único ainda mais especial.

Por ser uma celebração do amor, a felicidade que envolve esse momento deve ser vivida e sentida intensa e profundamente.

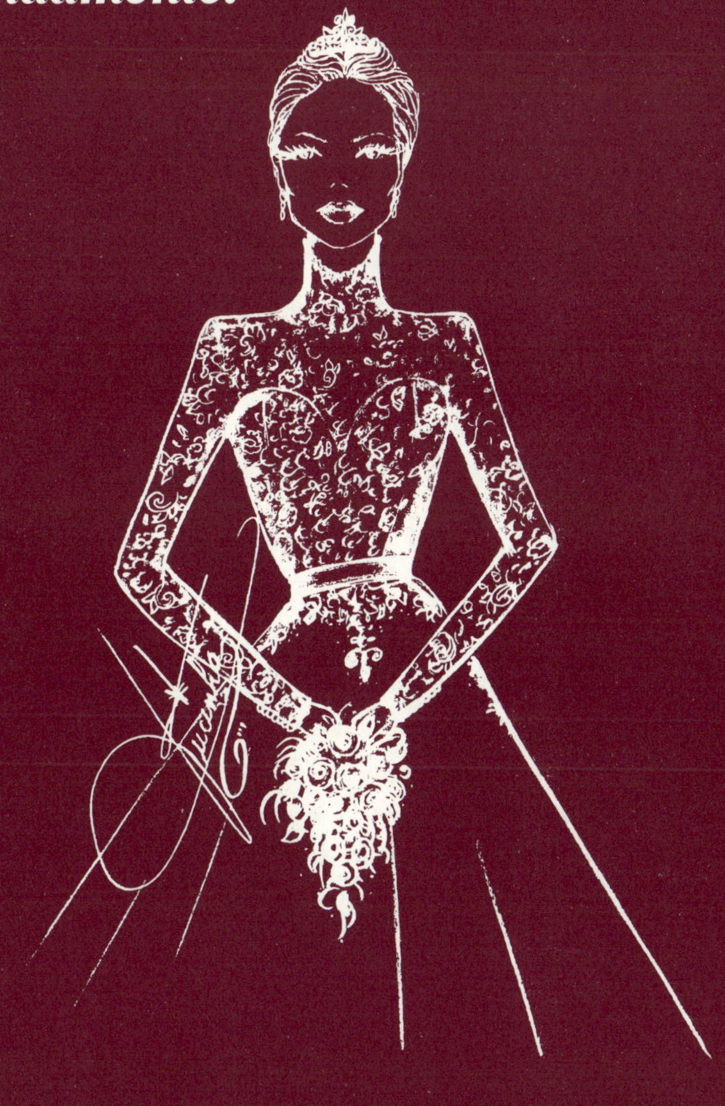

© ARQUIVO PESSOAL

Giuliana Cohen

O grande maestro: a assessoria

01

GIULIANA COHEN, 35 anos, sócia e cofundadora da Marriages Gestão e Execução de Eventos de Luxo, empresa consagrada no mercado de casamentos com mais de vinte anos de atuação.

Formada na primeira turma de Produção de Eventos pela Anhembi Morumbi, em São Paulo, e apaixonada pelo universo dos eventos, Giuliana já realizou mais de quinhentos eventos pelo Brasil e pelo mundo. Dentre a cartela de eventos produzidos, destacam-se, além dos casamentos, festa de debutantes, aniversários, eventos particulares e atendimentos ao mercado corporativo por meio de eventos personalizados para grandes marcas.

Protagonista do reality-show *Negócio dos sonhos* da Discovery Home & Health, que mostra sua rotina ao longo do desenvolvimento dos eventos, Giuliana lidera uma equipe de dez assessoras dedicadas à estrutura da Marriages – hoje, uma das maiores estruturas de assessoria de eventos e casamentos de luxo no Brasil.

Além disso, Giuliana ministra cursos e desenvolveu o Marriages Treinamentos, no qual ela ensina o seu método, *skills* e todo o seu *know-how* de mais de quinze anos no mercado de luxo para assessoras e empreendedoras por todo Brasil, que hoje podem se capacitar e atender os seus clientes com excelência.

Giuliana também participa de palestras e desenvolve cursos e workshops exclusivos, atendendo solicitações personalizadas.

Para saber mais sobre a autora:
@marriagesassessoria
@giucohen
@opapodefesta

01

Como seria o casamento dos seus sonhos, se você pudesse imaginá-lo livremente? Você seria uma noiva clássica, usando um vestido de princesa, ou surgiria caminhando em meio a um jardim, com um buquê desconstruído e despretensioso, no estilo DIY? Seria uma cerimônia ao pôr do sol cercada pela natureza ou com toda a pompa da abertura da porta da igreja? Como ponto de partida para entender o evento idealizado, a primeira pergunta que faço aos meus clientes é: como seria o casamento dos seus sonhos? Nas reuniões, com várias etapas que podem ser saboreadas uma a uma, tudo vai se moldando, assim como em uma grande orquestra, com todos alinhados à espera do grande dia, o momento mais importante da vida do casal.

Normalmente, planejamos com um ano de antecedência, mas já realizamos sonhos em até um mês. Esqueça o tempo. Nossa missão é garantir um momento único, cheio de experiências memoráveis para o coração. A maioria dos meus clientes costuma até sentir um vazio depois do grande dia, e isso é muito comum.

A partir de agora, você vai viver os melhores meses da sua vida. Serão muitas decisões e reuniões, vai conhecer pessoas incríveis pelo caminho, provar o menu do buffet com a família, escolher quais drinks serão servidos com os padrinhos, alinhar a playlist, definindo as músicas desde a entrada do casal até a primeira dança. E a prova de flor? Que dia! Após aprovações de layout, definição do *mood board* da festa, é hora de ver os arranjos ao vivo. E são os arranjos do seu casamento, perfeitamente alinhados com a cor e a textura da embalagem do bem-casado, com o conceito da celebração criado para o seu *casamento dos sonhos*. Amparado por um bom profissional, o casal pode desfrutar de cada etapa sem estresse e preocupação. E, mesmo sendo genuína a ansiedade, esse profissional conduzirá tudo da melhor forma para garantir que vocês vivenciem com tranquilidade cada detalhe desse sonho.

Uma assessoria eficiente vai gestar, organizar, apresentar e ajudar na escolha de todos os profissionais envolvidos. E não são poucos! Hoje, em média, são cerca de quarenta fornecedores em um único evento. Como assessora de casamentos, noto que uma das principais dúvidas dos noivos é saber por onde começar, onde investir, qual a viabilidade da festa. São muitas coisas, né? Mas tenha calma! Porque é aqui que a assessora entra.

Desde o momento zero, é ela quem vai tratar de todos os assuntos, sugerindo alternativas de investimentos para o estilo de festa que estão idealizando e auxiliando na tomada de decisão. Já conseguimos estimar o casamento através da conversa com o casal, alinhando suas expectativas e vendo fotos de referências. A dica de ouro para evitar frustrações e dissabores é: se tratando de gastos, esteja o mais alinhado possível antes de qualquer contratação.

Costumo dizer que ter o seu grande amor ao lado e o número de convidados já é suficiente para começarmos a planejar esse sonho! Busque profissionais que orientem sobre a diferença entre se casar em lugares com dinâmicas diferentes de eventos, entenda as vantagens e desvantagens de cada local. Aí sim, com tudo mapeado de modo macro, você e a assessoria podem iniciar essa jornada com excelência.

Ser o "maestro" de um dos momentos mais especiais da vida das pessoas exige muita sensibilidade e profissionalismo. Ao contratar uma assessoria você está dando o aval para que alguém faça a curadoria de todos os detalhes que envolvem o grande dia. É importante que, principalmente a noiva (dona dos holofotes), sinta que a equipe contratada é capaz de tornar seu sonho real. O que muitas vezes parece impossível se tornará acessível por meio da conexão estabelecida pela confiança em nosso trabalho. Nosso papel é entender os desejos e sonhos dos noivos e transformar esse momento único em algo harmonioso, apresentando todas as possibilidades e estratégias com o que há de mais refinado e organizado, oferecendo tranquilidade ao casal que contará com especialistas experientes e comprometidos para tornarem a ocasião inesquecível para todos. Assim como na sinfonia de uma orquestra harmônica, a plateia compartilha da mesma alegria e contemplação. Então, desfrutar de cada encontro ou prova de cardápio é a certeza de que um dos dias mais importantes da sua vida se cumprirá, rigorosa e perfeitamente, como você o imaginou.

Seja qual for o tamanho do seu sonho, eu farei o possível para torná-lo real. Digo isso pois há casais que investem valores variáveis e, para mim, não há distinção entre festas e valores pequenos ou grandes. *São sonhos!* Todos possíveis de realizar. Na minha trajetória, já organizei festas de todos os tamanhos, dentro e fora do país, nos lugares mais inusitados.

Lembro-me de um casal que escolheu um local na Bahia para a festa. Cerca de noventa dias antes do evento, o espaço estava inábil. O desafio foi encontrar outro local, emblemático, à beira-mar (como sonhado pelo casal). Com as possibilidades esgotadas na Bahia, conseguimos um local em São Paulo, mas precisávamos das devidas autorizações, construção de quase 3 mil metros quadrados para receber os mais de seiscentos convidados, sob uma cúpula exclusiva desenhada para o evento, com um palco para receber o *line-up* de atrações já contatadas, além de outros. A obra foi executada em 25 dias, no referenciado Jockey Club de São Paulo. Fomos os pioneiros em organização de casamento no local, tornando-o referência em casamentos icônicos.

Citando mais um evento desafiador: teve uma em que os noivos planejaram a cerimônia conosco por quase três anos a distância. Eles queriam mandalas de flores na decoração, mas elas deveriam conter apenas as pétalas coloridas sobre as mesas e não com os arranjos. A equipe tirou cada pétala dos ramos assegurando a aparência e o frescor das flores usadas. Além disso, a noiva quis entrar com um cavalo alado, presente do seu pai, que veio a falecer antes da data do casamento. O cavalo foi acompanhado por uma veterinária, recebeu os cuidados necessários e as asas para conduzir a noiva na descida em direção ao lago, onde a cerimônia estava formada. Que luz rara do pôr do sol naquele dia! As lágrimas e a emoção dos noivos e de todos os presentes, ao ver aqueles desejos materializados ali, foram inevitáveis.

Todas as festas são especiais e únicas, com bagagens para evolução e superação de cada entrega que fazemos. Já realizei os pedidos mais inusitados e continuarei assim, porque nasci com esse propósito: transformar o casamento dos sonhos das pessoas em uma realidade perfeita!

Contar com uma assessoria de casamento é ter uma equipe que pensará e executará por você todas as questões envolvidas nesse sonho. Se algo inusitado acontecer, entenda que o profissional está apto para solucionar quaisquer eventualidades e contornar os imprevistos para evitar, ao máximo, transferir problemas. Temos um amplo *know-how* em gestão de parceiros que nos ajudam a tirar esse sonho do papel e que, com muito *feeling* e sensibilidade, entregam a festa ideal!

A falta de conhecimento sobre os custos reais do evento pode gerar frustração, ansiedade e descontentamento. Deparar-se com custos inesperados prejudica a experiência emocional desse momento singular. Pensar na festa de casamento pode e deve ser prazeroso. Questões financeiras, alinhamento entre expectativa e realidade podem e devem ser meticulosamente orientados por uma assessoria especializada.

A contratação de uma equipe experiente garante um panorama geral da construção do evento considerando desejos, pontos favoráveis e contrários, sugerindo o que há de melhor na área, além de esclarecer todas as particularidades para execução. Você terá um mapeamento de muitas opções de fornecedores e acesso a serviços de alta qualidade, otimizando o investimento e garantindo um casamento belíssimo. Esqueça a antiga ideia de que uma assessoria de casamento vai onerá-lo. Através da expertise e ampla rede de parceiros e fornecedores, a assessoria possui exclusividade no segmento, podendo articular melhores negociações e mimos com vantagens exclusivas que os noivos, sozinhos, não teriam acesso.

A assessoria conduzirá seu casamento em todas as etapas do planejamento, sabendo quem, quando e onde cada um dos fornecedores deve estar. Atuará como uma ponte entre os seus desejos e a realidade do mercado, fornecendo uma visão clara de tudo. Com ela, você se beneficiará de um planejamento financeiro minucioso, respeitando todos os aspectos, inclusive os serviços adicionais que, muitas vezes, são imperceptíveis inicialmente. Em várias situações, o cliente quer o show de determinado artista e se frustra posteriormente ao saber dos custos acrescidos, como logística, rider de som, rider de camarim e particularidades de cada artista. Com o conhecimento técnico, sabendo a quantidade de *moving lights* necessários para o tamanho da festa, a quantidade e modelos de caixa de som, a animação da pista está garantida! Gosto de alinhar as expectativas com as contratações para que não se tornem problemas.

Uma assessoria de excelência tem esse papel e é reconhecida tanto por seus clientes quanto por seus parceiros e fornecedores, que trabalham juntos em prol de um objetivo em comum. Sendo assim, por meio do planejamento detalhado e da parceria essencial com uma assessoria qualificada, desejo que você possa contar com o suporte profissional adequado para concretizar o seu casamento dos sonhos com confiança, tranquilidade e sucesso.

Aqui vai um passo a passo para acertar na escolha da assessoria e ter a certeza de que está nas mãos certas.

Passo 1: Conversas e expectativas

O primeiro passo para que a assessoria comece o planejamento é uma conversa franca entre noivos e familiares para definir o orçamento e as expectativas de todos em relação ao casamento, principalmente sobre a lista de convidados. Dica: normalmente, temos uma quebra de cerca de 15 a 20% da lista total de convidados (ponderando os que convidamos e sabemos que não estarão presentes).

Passo 2: Pesquisas e reuniões

Conheçam diferentes opções de empresas no mercado avaliando o tempo de atuação, experiência, reputação, portfólio, estrutura e o suporte oferecido. Por exemplo: aqui no escritório dispomos de uma equipe fixa e (no mínimo) duas pessoas dedicadas ao acompanhamento de todo o evento, proporcionando segurança e atendimento diferenciado. Explore as redes sociais, mas não se prenda a elas! Sempre reforço que ninguém posta o que é feio, né?! Busquem referências com as amigas recém-casadas.

Vale ressaltar a diferença entre cerimonial e assessoria: cada uma oferece serviços distintos. É muito comum o termo cerimonial também se referir ao trabalho de assessoria. O cerimonial atua na área protocolar, na organização do cerimonial e, muitas vezes, somente no dia do casamento. Já a assessoria possui um olhar 360º sobre o evento como um todo.

Passo 3: Confiança e sintonia

Nas reuniões com as assessorias selecionadas, foquem a construção de uma relação de confiança com a equipe. Busquem sintonia com o profissional, pois ele será responsável por ajudá-los a planejar e organizar o seu evento dos sonhos. Agirá como um conselheiro que indicará caminhos e soluções. Com certeza, durante alguns meses, vocês vão se falar bastante e é importante que essa relação seja leve e respeitosa para ambos os lados! Façam perguntas detalhadas sobre o processo de atuação da empresa, serviços oferecidos e disponibilidade para atender às necessidades, além de outras especificidades relevantes.

Quero que você coloque esse passo a passo em prática agora mesmo para ter a chance do seu casamento dos sonhos. Esse processo envolve autoconhecimento, reflexão e planejamento para realizar um evento autêntico que proverá momentos felizes na vida de vocês.

Invista tempo e esforço no que realmente deseja para o casamento. Lembre-se de que é um momento único na vida do casal e planejá-lo com dedicação resultará em um evento que reflete a essência e os valores de vocês. Confie em suas escolhas e aproveite cada etapa do processo pois a jornada para o casamento dos sonhos também pode ser uma oportunidade de crescimento pessoal e da construção de memórias preciosas.

Há mais de quinze anos atuo no ramo de assessoria de casamento e é recompensador participar de histórias lindas. Finalizo pedindo que vocês se permitam vivenciar essa experiência única e gratificante que é planejar e realizar o casamento dos sonhos. Que seja um momento de tranquilidade, confiança e com muito significado! Se seguirem o passo a passo, será inesquecível, tenho certeza!

Amparado por um bom profissional, o casal pode desfrutar de cada etapa sem estresse e preocupação.

Nosso papel é entender os desejos e sonhos do casal e transformar esse momento único em algo harmonioso, apresentando todas as possibilidades e estratégias com o que há de mais refinado e organizado

Wanessa Guimarães

Planejando o casamento do tamanho dos seus sonhos

02

WANESSA GUIMARÃES é advogada, especialista em finanças, planejadora financeira CFP®, empresária, palestrante e mentora em finanças pessoais, com mais de vinte anos de experiência no mercado financeiro.

Para saber mais sobre a autora:
@wanessa_invest
@wanessainvest
wanessa-guimaraes

02

Ei, você, que está na etapa de planejamento de um dos dias mais importantes da sua vida e precisa se organizar financeiramente para isso: pare por um momento e vamos conversar sobre esse assunto.

O casamento é um momento tão especial e emocionante que tudo o que passa pela cabeça é que queremos que seja perfeito. Muitas vezes, somos levados pelas expectativas irreais ou pressões externas, que resultam em vários contratos assinados e acordos firmados sem uma avaliação completa de todos os gastos envolvidos. Essa situação, que já é grave por si só, pode se tornar ainda mais problemática quando os noivos não têm uma visão clara dos limites financeiros. Você está passando por algo parecido ou conhece alguém que está? Aposto que sim.

Gastar além das possibilidades pode gerar dívidas, estresse e até mesmo conflitos entre o casal, e o planejamento financeiro – nesse momento e em tantos outros –, é um passo fundamental para que as coisas não saiam do controle. E vou além: é essencial estabelecer um orçamento realista desde o início e acompanhar de perto os gastos para evitar surpresas desagradáveis.

Claro que pode ser uma tentação financiar o casamento por meio de empréstimos, cartões de crédito ou outras formas disponíveis, mas as dívidas pós-casamento funcionam como uma grande âncora que nos segura e nos impede de avançar e construir uma vida a dois financeiramente saudável. E o problema fica mais sério quando essa dívida começa a afetar a estabilidade emocional e financeira do casal. Essa questão pode, inclusive, comprometer a capacidade de economizar, investir e planejar o futuro. Isso quando ela não promove conflitos conjugais no curto, médio e longo prazo, dependendo do tamanho da enrascada.

O estresse financeiro constante é um dos sintomas que podem aparecer caso você não se organize. À medida que os gastos do casamento aumentam e o orçamento se torna uma preocupação constante, os noivos enfrentam esse movimento de ansiedade e desconforto – além da frustração por não poder realizar a festa dos sonhos. Caso você já tenha começado os preparativos para o grande dia, é possível que esteja lidando com a restrição financeira e até a renúncia de alguns elementos importantes nesse grande evento. Mas por que é tão difícil?

Um dos motivos pelos quais a maior parte das pessoas passa por isso é simplesmente a falta de conhecimento sobre finanças pessoais. Muitas vezes, os noivos não receberam uma educação financeira adequada, resultando em uma falta de conhecimento sobre como gerenciar o dinheiro e estabelecer prioridades financeiras a fim de fazer escolhas conscientes. Existe também a falta de compreensão em relação a orçamento, poupança, investimentos e controle de dívidas, que pode levar a decisões ruins.

Vejo que outro grande motivo são as expectativas e pressões sociais. Tem alguém da sua família ou do grupo de amigos que está, neste exato momento, enviando referências maravilhosas que você sabe que não se encaixam no seu orçamento? Pois é. Essas são as pressões sociais que sofremos em relação ao casamento. Somos bombardeados e influenciados por imagens idealizadas em mídias sociais, filmes e revistas, além de comentários de pessoas próximas.

Sendo assim, olhar para essas questões é urgente e requer uma solução imediata. Resolver esse problema é essencial não só para que os noivos possam aproveitar plenamente o momento mais importante da vida a dois, mas também para que sigam sem se preocupar constantemente com as finanças. “Mas como, Wanessa?” Estabelecendo uma base sólida para a vida financeira conjunta desde o início, evitando dívidas e caminhando juntos para construir um futuro mais estável e próspero. Vamos falar mais sobre isso?

Estabeleçam uma base sólida para a vida financeira conjunta desde o início, evitando dívidas e caminhando juntos para construir um futuro mais estável e próspero.

Quero que você pense agora que é preciso equilibrar o sonho do casamento com uma abordagem financeira consciente para realizar uma celebração inesquecível que não comprometa a estabilidade futura do casal.

Ao adotar uma postura consciente em relação às finanças, o casal prioriza os elementos mais significativos para ele, elencando todos os pontos desejados para o grande dia e construindo um sonho lado a lado. Para fazer isso, você precisará estabelecer um orçamento realista, pesquisar e comparar preços, e fazer escolhas financeiramente inteligentes. Acredite quando digo que, dessa forma, vocês estarão direcionando seus recursos mais preciosos para os aspectos que realmente importam. É assim que criarão uma experiência memorável e autêntica para vocês e seus convidados.

Quero que você tenha um passo a passo em mãos, de fácil acesso, e com pontos fundamentais nesse planejamento, então considere os pilares sobre os quais falaremos a seguir.

Sonhe!

Ao dizer sim um para o outro, é preciso estabelecer um plano detalhado, elencando todos os pontos desejados para o grande dia. Minha sugestão é que o casal faça uma *wish list* bem completa, que passa desde o vestido até o buffet. Após finalizar essa lista, marque com uma caneta diferente quais são os pontos mais importantes e que não podem faltar.

Tenha um plano financeiro!

Agora que você está com o seu sonho em mãos, materializado a partir da *wish list*, pense, ao lado do seu parceiro ou parceira, sobre a capacidade financeira do casal e os custos de todos os itens que estão nessa lista, dos serviços ou produtos que precisarão ser adquiridos. É possível que vocês já tenham um orçamento pré-definido, então esse é o momento de olhar para o plano financeiro e entender se todos os itens realmente cabem nesse valor.

Monte um orçamento!

Nesse momento, você deve olhar para a *wish list* e entender como é possível direcionar os recursos que possuem em casal para os aspectos que realmente são prioritários. Lembra-se dos itens marcados com outra cor porque são mais importantes? Chegou a hora de pensar sobre eles e entender o que será colocado em primeiro para proporcionar a melhor experiência possível. Nessa etapa, quero que vocês estabeleçam um cronograma de pagamentos com datas e valores que sairão do "caixa casamento" – uma conta criada para esse fim.

Além disso, não se esqueça de controlar esses gastos em uma planilha ou em um caderno para evitar que ultrapassem o orçamento previsto.

Monitore!

Mais importante do que ter uma *wish list* e planejar é revisar e ajustar o plano financeiro se necessário e possível. Caso aconteça um "furo" no orçamento, sugiro que o casal se sente junto para pensar sobre as possibilidades e qual solução será adotada – se possível, sem utilizar empréstimos. Se surgirem imprevistos ou mudanças de prioridades, os noivos devem estar dispostos a adaptar o orçamento e tomar decisões conscientes, sempre em parceria com o outro.

Antes de avançarmos para os pontos finais, quero contar sobre a Carla e o Bruno, um casal que conheci e para quem indiquei essa metodologia. O erro que eles cometeram, entretanto, foi não montar a *wish list* inicial, que os ajudaria a se guiarem para o casamento dos sonhos. Decidiram os serviços sem uma programação prévia e, quando perceberam, o dinheiro reservado para o casamento estava chegando ao fim. Eles me procuraram nesse momento de desespero para ajudá-los.

Montamos juntos um plano detalhado dos pontos desejados para o grande dia, com base na capacidade financeira que ainda tinham. Eles foram ótimos nas etapas seguintes e pesquisaram, compararam e monitoraram preços ao longo dos meses. Assim, fizeram escolhas mais alinhadas com as suas possibilidades reais. Além disso, evitaram quitar serviços antecipadamente e mantiveram uma pasta organizada com contratos e comprovantes de pagamentos.

Foi uma abordagem simples, mas muito efetiva em relação ao estresse que estavam tendo em um momento que deve ser tão especial. No fim, Carla e Bruno tiveram uma celebração inesquecível, aproveitaram o dia sem preocupações e a conexão entre eles se tornou muito mais poderosa.

Pensando sobre essa história, tive certeza de que precisava trazer aqui um pouco do processo da Carla e do Bruno para que você possa se inspirar e planejar o melhor casamento possível em termos financeiros. Vem comigo? Eu quero que você:

- Priorize os interesses do casal e satisfaça as vontades de vocês dois, deixando de lado as pressões familiares e de amigos. Esse é um momento único e precisa ter a identidade de quem vai se casar.
- Invista tempo e esforço na criação de um plano financeiro detalhado, levando em consideração as suas possibilidades financeiras. Pesquise, compare preços e tome decisões conscientes.
- Monitore os seus gastos de perto, negociando prazos de pagamento e mantendo os registros organizados. Lembre-se de que um casamento dos sonhos não precisa ser sinônimo de gastos excessivos. Ao equilibrar os desejos com a responsabilidade financeira, você poderá desfrutar de um dia especial sem comprometer a sua estabilidade futura.
- Tome as rédeas das suas finanças e faça escolhas que estejam alinhadas com seus valores e prioridades. O casamento dos sonhos é possível quando você se compromete a seguir um plano financeiro consciente.

E tem mais: preparei um material especial para que você consiga fazer um planejamento financeiro adequado. Para acessar, aponte a câmera do seu celular para o QR code ao lado ou entre pelo link a partir do seu navegador.

Lembre-se de que você tem o poder de tornar o seu sonho realidade. A chave está em equilibrar os desejos com uma abordagem financeira consciente. Sim, isso exigirá planejamento, pesquisa e tomada de decisões, mas o resultado valerá a pena, eu prometo! Portanto não deixe que os desafios roubem a alegria desse momento especial e adote um plano financeiro sólido para construir não apenas um casamento inesquecível, mas também uma base financeira estável para o futuro.

Por fim, o casamento dos sonhos não está apenas nas *fantasias*, mas sim nas *ações* que você toma para torná-lo realidade. Desejo sucesso em sua jornada e que a união entre o casal seja um momento mágico e repleto de amor e felicidade!

Priorize os interesses do casal e satisfaça as vontades de vocês dois.

Lembre-se de que um casamento dos sonhos não precisa ser sinônimo de gastos excessivos.

© RODRIGO VELAR

Adriana Duarte da Silva

Certifique-se! Entenda como o direito é importante para o seu casamento

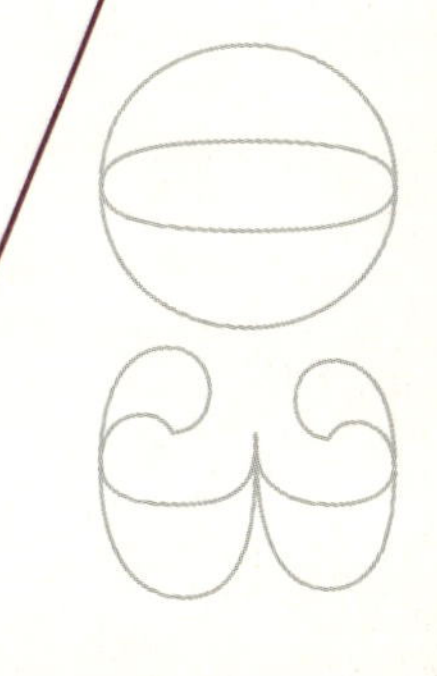

DRA. ADRIANA DUARTE DA SILVA é advogada e palestrante com mais de uma década de experiência na área jurídica. Formada pela Universidade Cidade de São Paulo (Unicid), é especialista em Direito Empresarial e Desapropriação, com especialização em Direito Penal e Processo Penal, Direito Contratual, Direito Imobiliário, Governança Corporativa e Compliance. É conselheira em conselhos de administração e conselhos consultivos, certificada pela Fundação Dom Cabral.

Para saber mais sobre a autora:
@eusouadrianaduarte

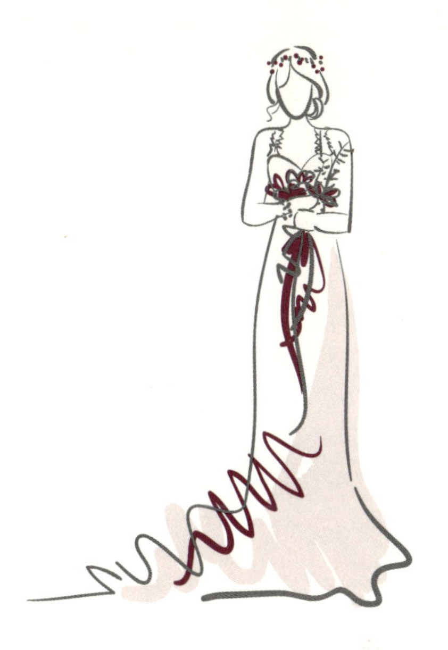

Primeiramente, quero dar os parabéns a todos os leitores deste livro! Se você está aqui é porque, provavelmente, dará um passo muito importante em sua vida. Importante e prazeroso, pois se casar certamente é uma das maiores alegrias que se pode ter. Sendo assim, será um prazer imenso contribuir de alguma maneira para esse momento tão especial.

O direito está presente no casamento desde as decisões tomadas entre as partes. E, para que essa data seja vivida com segurança e tranquilidade, é importante atentar-se a alguns pontos sobre os quais falaremos ao longo das próximas páginas. Entretanto, podemos começar apontando que o direito estará presente na escolha do regime de casamento e nos contratos que devem ser firmados nas contratações de prestação de serviços, por exemplo.

Em outras palavras, para todas as contratações que envolvem o casamento, devemos utilizar o direito a partir de contratos firmados entre as partes. E para que esses documentos sejam seguros para os envolvidos, principalmente para os contratantes (os noivos!), passaremos por algumas informações ao longo do capítulo. Quero que você possa se proteger e fazer tudo correr bem nessa etapa, que precisa ser leve e confortável para o casal.

Se você está em dúvida sobre a verdadeira necessidade de entender um pouco melhor tudo isso, quero contar uma história...

Era o casamento do meu irmão, e, poucos dias antes de fechar com um buffet que faria o evento, descobrimos que a empresa possuía mais de vinte processos judiciais nos quais os antigos clientes pediam indenizações pela falha na prestação de serviços. E se você pensa que eles decidiram fechar com a primeira empresa que apareceu, essa não é a realidade. Eles haviam falado com quatro fornecedores diferentes e decidiram seguir com essa opção.

Felizmente, o casal sabia qual é o procedimento que precisa ser feito antes de fechar o contrato, então eles conseguiram não entrar em uma situação que poderia gerar prejuízos em todos os sentidos. Assim, o primeiro ponto que vou abordar aqui é: antes de qualquer contratação, é preciso fazer uma análise de quem está sendo contratado. Parece bobo, não é? Mas muitas pessoas deixam de fazer isso.

A má prestação de serviços de buffets é, em muitos momentos – e infelizmente –, mais comum do que imaginamos. Garçons insuficientes para servir os convidados e alimentos em quantidade menor do que foi prometido são apenas alguns dos exemplos. Outra situação recorrente que já vi noivos sofrerem é quando não exigiram um anexo em contratos com buffets. Nele, devem constar os pratos e alimentos que serão servidos de modo detalhado para que a empresa tenha que cumprir de maneira integral aquilo que foi acordado com os contratantes. Isso nos mostra que apenas um contrato simples não é suficiente, não é mesmo?

Antes de qualquer contratação, é preciso fazer uma análise de quem está sendo contratado.

Os contratos de buffet, decoração e empresas de eventos geralmente são feitos com valores altos. Por isso, outro ponto que precisa ser observado é a utilização da cláusula de multa pelo descumprimento contratual. As cláusulas de multas agregam segurança aos contratos, pois o prestador de serviço fará o possível para entregar o serviço esperado pelos noivos.

A falta de orientação jurídica é um dos maiores problemas enfrentados por pessoas que estão organizando um casamento.

Sem um contrato firmado, não é possível recorrer ao que foi oferecido.

A falta de orientação jurídica é um dos maiores problemas enfrentados por pessoas que estão organizando um casamento. Isso sem contar que alguns noivos não exigem a formalização por contrato do serviço que será prestado. Imagine só contratar determinado tipo de decoração e, ao chegar no grande dia, perceber que está diferente do que você havia visto anteriormente? Sem um contrato firmado, não é possível recorrer ao que foi oferecido.

Tudo isso é importante e urgente pelo prejuízo emocional que você não quer ter decorrente de uma má prestação de serviços, ou falha dele, em um dos dias mais importantes da sua vida. Os danos são incalculáveis! E isso porque não são apenas financeiros, mas irreparáveis sob o prisma emocional. O casamento e a festa costumam ser, para muitos, a realização de um sonho, por isso é necessário ter cautela.

Até porque, durante esse período de organização e preparação, os noivos ficam preocupados com todos os detalhes que precisam ser resolvidos, e a sensação pode ser de esgotamento, cansaço, de que não vão dar conta de tudo e de que não será possível fazer as escolhas necessárias. E problemas podem acontecer, já que é muito possível que você tome decisões baseadas apenas no emocional, e não no racional.

Quando avaliamos as situações emocionalmente e sem racionalizar tanto o que está sendo feito e escolhido, deixamos de olhar para todos os detalhes necessários na contratação dos serviços. E por não fazer parte de sua expertise, recomendo fortemente a contratação de um bom advogado, especialista em contratos, que vai ajudar você e seu parceiro ou parceira a analisar as empresas e seguir caminhos legais que não prejudiquem o grande dia. Isso com certeza trará tranquilidade e segurança para uma vida toda e fará você se lembrar do dia de seu casamento com o coração cheio de coisas boas.

Como a ideia é que o seu casamento seja perfeito, do jeito que você sempre sonhou, sem preocupações, sem surpresas ruins durante e após a preparação, você precisa se assegurar de que está fazendo tudo corretamente. Sendo assim, agora que você já disse "sim" e está caminhando para viver uma vida maravilhosa a dois, reforço que ter um advogado durante essa jornada é uma escolha inteligente e importante para que você tenha segurança durante todo o processo.

De qualquer forma, é importante conhecer as etapas fundamentais em relação à parte jurídica do casamento. Então, separei quatro etapas divididas em duas partes, que devem ser colocadas em prática a partir de agora. São elas:

Parte 1: Prestadores de serviços

ETAPA 1: PESQUISA DE FORNECEDORES

O primeiro passo é pesquisar pelo menos três empresas fornecedoras para cada produto ou serviço que será contratado para o casamento. Esta etapa é fundamental para que você sempre tenha mais de uma opção e para que saiba o que está sendo oferecido por outras empresas.

ETAPA 2: VERIFICAÇÃO DE REFERÊNCIAS

Após escolher potenciais fornecedores, exija pelo menos três referências de clientes que eles atenderam. Entre em contato com essas pessoas para verificar a veracidade das informações fornecidas.

Pode parecer muito trabalho em um primeiro momento, mas essa parte é fundamental para que você escute de outras pessoas como foi o serviço oferecido no dia do evento.

ETAPA 3: PESQUISA ADICIONAL

Além das referências, não assine o contrato antes de realizar pesquisas adicionais sobre o fornecedor. Verifique órgãos de reclamações do consumidor e, se possível, consulte os tribunais para confirmar se a empresa possui processos judiciais de clientes insatisfeitos. Acredite: fazer isso é primordial e pode salvar o casal de uma enrascada.

Todos esses cuidados com as contratações funcionam para garantir o sucesso e a felicidade no grande dia do casamento. Não deixe de aplicá-los antes de tomar qualquer decisão!

Parte 2: Regime de casamento

ETAPA 4: ESCOLHA DO REGIME DE CASAMENTO

Separei esta etapa porque ela também é muito importante e não deixa de ser um contrato firmado, só que agora entre o casal. Por isso, precisa ser

A felicidade do casamento se faz todos os dias.

feito com cuidado para que tudo corra bem. Sendo assim, minha sugestão é que vocês conversem abertamente sobre o regime de casamento que desejam adotar. Essa decisão será relevante para a vida de ambos e deve ser baseada em fatores íntimos e em aspectos legais.

Levem em consideração diferentes regimes de casamento, analisando seus aspectos e implicações legais. O mais comum é o da comunhão parcial de bens, mas é importante entender as características de todas as opções para decidir o que funcionará melhor para a sua realidade. Lembre-se: não existe o melhor regime, existe o que se adapta melhor à vida de cada um, combinado?

Com essas informações em mãos, a partir de agora, quero que você coloque o método em prática e procure hoje mesmo um advogado especialista em direito de família e contratos para que ele possa ajudar você e o seu noivo ou noiva nessa etapa. O casamento é um momento único, cheio de felicidade e o início de uma jornada entre duas pessoas que merecem ser felizes e plenas, uma ao lado da outra.

Para fecharmos, então, quero dizer que a felicidade do casamento se faz todos os dias, e o cuidado que você terá ao longo da vida com o seu cônjuge precisa ser o mesmo cuidado que está tendo com a organização do casamento. Para que possam ter uma celebração incrível, é necessário fazer escolhas incríveis – e só é possível fazer isso seguindo as etapas e os conhecimentos apresentados aqui, que foram selecionados com muito carinho.

O cuidado que você terá ao longo da vida com o seu cônjuge precisa ser o mesmo cuidado que está tendo com a organização do casamento.

© TEREZA SÁ

Thiago Volpi e Andrea Lindenberg

A sua melhor versão

01

THIAGO VOLPI é médico nutrólogo e fundador do Espaço Volpi, clínica especializada em emagrecimento, performance e longevidade, que funciona desde 2007.

ANDREA LINDENBERG é médica nutróloga e sócia do Espaço Volpi.

Para conhecer mais sobre os autores:
@drthiagovolpi
@dra.andrealindenberg

Noivo ou noiva, imagine só chegar no grande dia, vestir a roupa escolhida, olhar-se no espelho e pensar: *Me sinto tão bem que jamais imaginei que poderia ser assim. Meu corpo está exatamente como eu queria, cuidei de mim e atingi os meus resultados. Chegou a hora de aproveitar.* Pense nessa sensação e nos diga se não é extremamente satisfatório poder viver esse momento.

Pela nossa experiência, vemos que os noivos querem sempre estar na melhor forma física, pois é uma ocasião que será recordada para sempre. As fotos os acompanharão por toda a vida, o vestido ou o terno estará marcado na lembrança e nos registros, e é preciso disposição e boa imunidade para aproveitar cada minuto com saúde e sem maiores preocupações. Mas emagrecer é, com certeza, um grande desafio. E isso acontece porque os noivos e as noivas em fase de organização do casamento podem enfrentar alguns problemas relacionados ao emagrecimento. São eles:

Restrição e excesso

A falta de acompanhamento adequado pode fazer com que as pessoas tomem atitudes extremas e tenham prejuízos na saúde por consequência disso. Isso acontece pela pressão em alcançar um corpo ideal antes do casamento, fazendo com que alguns casais adotem comportamentos extremos, como dietas restritivas e excesso de exercícios, que podem ser prejudiciais ao bem-estar físico e mental.

Influência do estresse e da ansiedade

O período de planejamento do casamento pode ser bastante estressante, com uma lista interminável de tarefas a serem cumpridas. O estresse e a ansiedade podem afetar negativamente os hábitos alimentares, levando a escolhas menos saudáveis, compulsão alimentar e até mesmo desmotivação para praticar atividades físicas. E isso tudo acaba resultando no ganho de peso ou na dificuldade em alcançar os objetivos de emagrecimento estabelecidos. Estresse e ansiedade devem ser gerenciados de modo saudável para que o casal possa desfrutar plenamente dessa fase única e importante da vida.

Insegurança e desconforto

O período é repleto de eventos sociais, e a presença do casal é sempre requisitada. E muitos noivos e noivas desejam se sentir confiantes e bem consigo mesmos. A insatisfação com o corpo pode afetar negativamente a autoestima, gerando insegurança e desconforto.

Falta de bem-estar emocional do casal

A pressão social e a influência de padrões de beleza inatingíveis podem trazer ansiedade e estresse adicionais, afetando o bem-estar emocional do casal. É urgente, portanto, abordar este tema durante o planejamento do casamento, com soluções realistas e saudáveis, para que os noivos possam enfrentar o desafio com equilíbrio, autoaceitação e bem-estar, construindo uma base sólida para o início da vida conjugal.

Tudo isso tende a gerar uma série de emoções e sensações negativas, como baixa autoestima, desânimo generalizado, aumento da ansiedade, frustração, decepção, insatisfação e tantas outras possibilidades que vão apenas gerar um círculo vicioso negativo que pode agravar ainda mais o quadro de ganho de peso. Além disso, a falta de planejamento, orientação e resultados adequados pode intensificar esse ciclo, afetando a motivação e a determinação dos noivos em relação ao emagrecimento. E, em meio a tudo isso, o sonho do casamento perfeito pode ser obscurecido pela insatisfação com a aparência física, gerando desânimo e uma sensação de falta de esperança.

E sabe por que isso acontece? Em nossa opinião, são duas grandes faltas: a de conhecimento sobre tratamentos modernos e de estímulo e a de acompanhamento adequado durante esse período. Vamos falar sobre cada uma delas?

Muitas vezes, os noivos enfrentam dificuldades pela falta de informações atualizadas que podem auxiliar o emagrecimento. A medicina evoluiu muito e oferece abordagens individualizadas, com opções terapêuticas personalizadas que levam em consideração as necessidades específicas de cada pessoa. Não saber isso e o que há de mais novo para o tratamento, com certeza, gera os obstáculos sobre os quais falamos anteriormente.

Já o segundo ponto, que diz respeito à ausência de estímulo e acompanhamento adequado, é provocado porque talvez você não ache necessário procurar esse acompanhamento, mas ele é fundamental. É aquela famosa frase: "Ah, mas será que preciso mesmo disso? Acho que consigo fazer sozinho". Sim, todos nós precisamos desse acompanhamento, pois ele é primordial. O emagrecimento durante a organização de um casamento requer estímulo constante e acompanhamento especializado para garantir um *progresso contínuo*. Se você não tem um bom profissional ao seu lado para avaliar os seus resultados, será impossível fazer os ajustes necessários em determinados momentos para que consiga chegar ao corpo dos seus sonhos.

Sendo assim, queremos propor aqui que você avalie sua saúde hormonal e metabólica para poder entrar em uma dieta com a suplementação necessária. Tudo isso com o objetivo de se casar com o corpo desejado, desfrutando de muita disposição e imunidade nos primeiros anos do matrimônio. Mas como? Preparamos um passo a passo para que tenha um direcionamento e, ao colocá-lo em prática de modo consistente, você priorizará a saúde e ganhará na estética como consequência.

1. Tempo é tudo

O tempo até o casamento pode ser um fator importante, então aconselhamos que essa preparação comece pelo menos seis meses antes da ocasião. Quanto menor o tempo, maior a chance de ter uma dieta mais restritiva para chegar ao resultado. E o tempo máximo para o emagrecimento deve estar de acordo com a prova final das roupas, para que todos os ajustes sejam feitos.

2. Esteja ao lado de quem entende do assunto

Como você já deve ter imaginado, o próximo passo é ter um acompanhamento adequado. Procure ajuda especializada para que seja feito um plano personalizado e individual, focando as suas necessidades. Pode ser um médico, um nutricionista ou outro especialista em saúde. O ponto principal é que ele vai ajudar e guiar você durante esse processo ao oferecer um suporte personalizado para que os seus objetivos sejam alcançados de maneira sustentável e com saúde.

Além disso, a pesagem semanal ou quinzenal é recomendada para avaliar resultados e também checar se há necessidade de medicamentos ou ajustes na rotina.

3. Faça exames

Faça exames laboratoriais que auxiliem na avaliação do metabolismo, como hemograma, hormônios tireoidianos, avaliação das vitaminas e minerais – principalmente vitamina D, ferro, vitamina B12 e vitamina B9, que têm papel importante no metabolismo e podem impactar o emagrecimento. Você também pode dosar marcadores inflamatórios – um corpo inflamado tem mais dificuldade de alcançar os resultados.

4. Durma bem!

Fazer a higiene do sono é fundamental para atingir resultados. Problemas com o sono podem afetar diretamente o emagrecimento, aumentar a fome, lentificar o metabolismo e piorar a disposição e o raciocínio. Então desligue-se dos eletrônicos uma hora antes de dormir, evite cafeína e bebidas alcoólicas próximo ao horário de ir para cama, faça meditação, mantenha uma rotina regular e, principalmente, garanta um ambiente sempre escuro e confortável para uma boa noite de sono.

5. Atividade física regular é inegociável

O exercício físico é um instrumento importante para a melhora da qualidade corporal e o controle da ansiedade. Prefira exercícios de força associados à atividade aeróbica, por exemplo: a musculação ajuda a manter a massa magra, evitar a flacidez e melhorar o metabolismo; caminhada ou corrida auxiliam no gasto calórico. Faça isso, preferencialmente, quatro vezes na semana. Constância é tudo!

6. Beba água

A água mantém o bom funcionamento do nosso corpo, e isso é inegável. Então beba bastante água e mantenha-se sempre hidratado. Caso tenha dúvida sobre o volume que você precisa consumir, a conta é: o seu peso × 35 ml. Exemplo: 60 kg × 35 ml = 2.100 ml ou 2,1 litros.

Faça essa conta e não deixe de seguir essa orientação, pois o consumo adequado de água ajuda na saciedade, na termogênese, na disposição e na imunidade.

7. Coma menos e gaste mais

Dieta com déficit calórico é o mais importante para o emagrecimento, ou seja, é preciso comer menos e gastar mais. Uma dica valiosa independentemente da estratégia adotada é dar preferência para *comida de verdade*, isto é, alimentos naturais. Eles têm mais nutrientes e inflamam menos o nosso corpo.

Então deixe de lado os alimentos industrializados e com açúcar. Se puder, evite a farinha branca ou coloque-a somente nas exceções – no máximo, duas vezes por semana. Use e abuse dos legumes e das verduras para ajudar na saciedade e coma proteínas boas. Reduza o álcool para, no máximo, quatro doses por semana.

O emagrecimento saudável está diretamente relacionado à melhoria da saúde e ao bem-estar geral. Ao adotar hábitos alimentares balanceados e uma rotina de exercícios adequada, os noivos podem aumentar a imunidade e os níveis de energia, além de reduzir o risco de doenças relacionadas à obesidade. E é importante resolver isso para que o casal possa desfrutar do casamento e dos primeiros anos de vida a dois com vitalidade e qualidade de vida.

Aqui no Espaço Volpi, por exemplo, temos um programa de acompanhamento de noivas há dez anos, e recebemos sempre fotos das pacientes no grande dia, com uma celebração que alegra os nossos corações, pois sempre torcemos e vibramos juntos durante o processo e no grande momento.

Em 2023, teve uma história que foi especial. Recebemos a mensagem de uma paciente que, antes de ir até o altar, nos encaminhou uma foto linda e um áudio que dizia: "Nunca me senti tão linda, tão princesa, tão maravilhosa e tão bem comigo mesma. E vocês têm um papel fundamental em fazer com que eu consiga me sentir assim hoje. Obrigada, obrigada, obrigada. No próximo mês, estou de volta para mantermos isso". Esse é o melhor resultado, torcemos e trabalhamos para que todos possam se sentir assim, simplesmente maravilhosos!

O momento mais decisivo de sua vida é *agora*. Enquanto escrevemos este capítulo, você está vivenciando tudo isso, então leve consigo todos os passos que aprendeu aqui e incentive o seu parceiro ou a sua parceira a seguir ao seu lado, pois assim a qualidade de vida de ambos melhorará e ficará muito mais gostoso viver em companhia. Com uma visão de futuro alinhada e pensando na longevidade juntos, é tudo muito mais prazeroso.

Ao lado, vamos deixar um QR Code e um link (**youtube.com/@DrThiagoVolpi/videos**) com vídeos muito poderosos sobre saúde e emagrecimento. Para acessar, basta apontar a câmera do seu celular para o código ou acessar pelo navegador.

Aqui você encontrou as bases para iniciar a sua jornada. Então saiba que, ao colocar tudo em prática, já terá resultados e verá melhoras em seu corpo e sua mente. Afinal, esse é o começo de tudo. Busque observar quais são os gatilhos que fazem você sair do proposto e lembre-se de que fórmulas mágicas não existem, o que existe é fazer as escolhas corretas para ver os resultados desejados. E quanto mais cedo, melhor. Mesmo sendo desafiador, é preciso comprometer-se com o processo, entender as mudanças feitas e os porquês de cada coisa – isso tudo auxiliará você a se manter firme no processo.

Por isso, queremos que você tome essa decisão de mudança agora. Abrace essa oportunidade de transformação e comece a agir! Afinal, o casamento dos sonhos não se trata apenas de aparência física, mas também de bem-estar, felicidade e amor-próprio.

Para finalizarmos esse momento, queremos trazer algo muito importante: esteja aberto às mudanças. Aprenda a apreciar cada conquista ao longo do caminho e lembre-se de que a preparação para o casamento é uma oportunidade para criar uma base sólida de saúde e bem-estar que beneficiará você e o seu amor no casamento e na vida de casados.

Esse momento é único e será sempre lembrado em fotos, vídeos e na memória, então esteja em sua melhor versão para sentir orgulho, satisfação e admiração por si mesmo!

Fórmulas mágicas não existem, o que existe é fazer as escolhas corretas para ver os resultados desejados.

Leandra Ferreira, Marques Nobre

Quando o casamento é sentido na pele

LEANDRA FERREIRA MARQUES NOBRE é dermatologista estética de formação tradicional, com diversas especializações dentro da Dermatologia, com foco em embelezamento e gerenciamento do envelhecimento.

Para conhecer mais sobre a autora:
@draleandradermatologista

Além de estar bela ou belo, aposto que você quer transmitir felicidade, luz, plenitude e romantismo em seu casamento. Em outras palavras, aposto que você quer estar impecável em todos os sentidos, como um membro da realeza. Talvez essa sensação seja ainda mais forte para as noivas, que carregam a pressão social de ser uma princesa constantemente (com pele, idade, delicadeza, postura e *glow* de princesas). É cada vez mais comum, no mundo em que vivemos hoje, no qual o acesso à beleza está se tornando quase uma *commodity* com valor inegável, essa beleza ser vista como algo pesado para quem já carrega uma carga emocional – mesmo que positiva – gigantesca no período pré-casamento. E, caso você seja o noivo e também sinta essa pressão em cima de você, quero que continue comigo neste capítulo, pois existe espaço para você.

Essas imposições sociais podem deixar os noivos perdidos e até mesmo levar ao exagero de procedimentos embelezadores – o que, por sua vez, devido à ansiedade, às vezes são feitos em momentos inadequados. Estar bem nas fotos com certeza é um dos grandes desejos das pessoas que atendo em meu consultório. O medo também aparece atrelado a esse desejo. Medo de aparecer uma espinha logo no dia do evento, de fazer algum procedimento e não ficar natural ou ficar aparente (como um preenchedor que ainda não desinchou ou um hematoma pós-procedimento feito muito próximo da data do evento), da maquiagem não cair bem ou não favorecer os melhores e mais atrativos pontos de beleza do rosto do casal etc.

Há alguns anos, a família de uma noiva me procurou, pois tinha sido indicado, por terceiros, um peeling químico quinze dias antes do evento, com o objetivo de melhorar o acabamento da maquiagem. Porém, infelizmente, ela teve uma reação alérgica, precisando de atendimento dermatológico e correção urgente dos danos que o procedimento havia deixado no seu rosto. Imagine essa situação e como ela estava triste e preocupada quando se sentou ao meu lado.

Sendo assim, o primeiro ponto que gostaria de abordar neste espaço é: os procedimentos *mais agressivos* devem ser realizados com *maior antecedência* e precisam ser acompanhados *de perto*, restando os cuidados mais suaves ao longo do período mais próximo da data do evento.

Por ser um momento épico, único e indelével que faz o casal olhar para si – e não só de maneira espiritual ou romântica, mas também com um viés de autocuidado –, o casamento pode ser a hora de corrigir pequenas "imperfeições" faciais, ou ainda de melhorar e salientar pontos fortes para entrar nessa nova fase com uma autoestima otimizada, deixando para trás inseguranças e insatisfações com algum traço ou característica facial.

É um período para exaltar a beleza de um sorriso (estrela máxima de momentos importantes e fotografados) ou de um olhar (que transparece a alma dos amantes e a vibração do momento), melhorando os traços e a qualidade da pele com resultados que não modificam de maneira dramática e desfigurante a beleza natural que levou os noivos a se apaixonarem um pelo outro. E tudo isso, é claro, sempre cuidando para que as inseguranças individuais sejam atenuadas, exaltando os pontos fortes e a beleza natural – aquela que não é a das redes sociais ou da inteligência artificial, mas sim específica e única de cada um.

Em meu consultório, recebo muitas perguntas que quero deixar a seguir, e é bem provável que você se identifique com uma ou algumas delas.

- Qual é o melhor skincare para cuidar das minhas manchas?
- Será que meus lábios ficarão melhores na maquiagem se tiverem mais volume?

- Será que é o momento de melhorar o desenho da minha sobrancelha?
- Meu pescoço e meu colo estão manchados, mas queria pegar sol e estar bronzeada no casamento. E agora?
- Tenho essa cicatriz desde pequena e quero melhorar a aparência dela. É possível?
- Quanto tempo antes devo fazer o meu botox para estar ótimo no dia do casamento e na lua de mel?
- Quanto tempo antes preciso iniciar os meus cuidados para melhorar as minhas cicatrizes de acne?
- Posso tomar Roacutan até o casamento?

Identificou-se com alguma dessas perguntas? Elas são muito comuns em meu consultório e surgem de noivas, mães de noivas e noivos.

Sendo assim, quero tranquilizar você e passar as informações necessárias para que possa organizar os protocolos de tratamento de acordo com seus desejos e o tempo disponível. E esse tempo é primordial! Se puder, minha sugestão é que inicie os tratamentos de pele com um ano e meio de antecedência.

Mas, antes de avançarmos com os passos que preparei para este capítulo, quero reforçar por qual motivo essa etapa é tão complicada para noivos e noivas. O peso do ritual do casamento vem para todas as pessoas em algum momento da jornada. Com isso, a insegurança com os processos pode transbordar e virar insegurança com sua imagem, rosto, pele e cabelos. O estresse de organizar uma festa inesquecível, uma viagem dos sonhos, entre tantos outros compromissos da vida moderna, pode alterar o metabolismo cutâneo, fazendo com que ocorra queda de cabelo, sensibilidade na pele, aparecimento de acne e fragilidade nas unhas. Nesses casos, além de protocolos embelezadores, pode ser preciso protocolos de tratamento de patologias cutâneas, com um dermatologista para abordar todas essas causas sem descuidar dos demais pontos.

Tecnologias especificamente escolhidas podem ser tratamentos-coringa, como a luz intensa pulsada que pode tratar acne ativa e melhorar cicatrizes avermelhadas. E quero que saiba que todas as estratégias devem ser conversadas com os noivos de maneira

Inicie os tratamentos de pele com um ano e meio de antecedência.

Essa jornada de autocuidado deve amadurecer conosco.

bem específica e explicando todos os passos a serem seguidos para que funcionem bem na rotina agitada e não gerem mais um fator de estresse.

O sucesso do casamento, portanto, está em seguir vendo no outro a beleza máxima do momento da paixão, mesmo que esta já tenha virado rotina, amor e cumplicidade, sem aquela faísca inebriante dos primeiros meses. E esse amor surge também com o autocuidado, que deve ser incentivado dentro da relação para que o casal promova um ambiente agradável de convivência. Talvez você não tenha imaginado, mas recebo muitas noivas acompanhadas de seus parceiros para que eles sigam os protocolos juntos.

Essa jornada de autocuidado deve amadurecer conosco. Não pode estar presente apenas antes do casamento, mas sim durante toda a vida e nas fases que virão: viagens, bodas, gravidez, aniversários e comemorações dos filhos. Então agora que você disse sim, vamos aos passos que são fundamentais para que cuide da sua pele nesse momento tão especial.

Etapa 1: Consulte um dermatologista

Um profissional médico dermatologista é fundamental para que você esteja em boas mãos e tenha os resultados desejados. Ele vai organizar e alinhar os procedimentos preventivos para minimizar os riscos e também os tratamentos e cuidados que precisam ser iniciados para a cerimônia (seja civil, religiosa, majestosa ou *petit* comitê). Posteriormente, o dermatologista cuidará da manutenção, focando um envelhecimento elegante e saudável do casal.

Etapa 2: Será que é mesmo necessário?

Essa consulta é essencial antes de pensarmos em agulhas e tecnologias, pois é nela que conseguimos identificar a real queixa do paciente e seus anseios, vontades e expectativas em relação ao que incomoda. Vamos a um exemplo?

Imagine que recebo uma ligação para agendar a remoção de um sinal de pele no rosto. O procedimento é agendado sem a consulta médica e essa paciente comparece e sinaliza que quer remover o sinal, pois ele está

Muitos me perguntam qual é o segredo para uma pele dos sonhos ou para aparentar ser mais jovem, menos estressado e sem marcas no rosto... Assim como tudo na vida, é constância e boas escolhas.

crescendo. A remoção é feita, e o caso é resolvido. Tudo certo, não é mesmo? Talvez, mas o ponto aqui é que, caso a paciente tivesse passado pela consulta, eu poderia ter identificado que aquele sinal está presente em toda a família dela. E ela, mesmo que nunca tenha se incomodado, passou a se importar depois de um comentário maldoso em um jantar.

Nessa conversa, certamente, falaríamos sobre a real necessidade de remover o sinal e sobre a expectativa de ter uma cicatriz no local, além do tempo hábil para cicatrização antes do casamento, conceitos de transformação de sinais, histórico familiar etc. Nesse contexto, eu a ajudaria a resolver, por ela mesma, a possibilidade de remoção. Isso tudo aconteceria, é claro, caso fosse um sinal benigno.

Essa aproximação é importantíssima, e você precisa cuidar para que haja entendimento e acompanhamento dos procedimentos. Assim, além de ajudar na saúde cutânea, é possível entender e construir uma relação de aproximação – afinal, a pele e o emocional invariavelmente andam juntos.

Etapa 3: Os procedimentos

Agora que você já sabe da importância, chegamos na etapa dos procedimentos. Vale reforçar aqui que exigem mais tempo de cicatrização aqueles que promovem a renovação da pele (como peelings e lasers) ou ainda aqueles que visam estimular o colágeno (bioestimuladores injetáveis, ultrassom microfocado e fios de PDO), pois ambos necessitam de períodos longos de até noventa dias para promover os seus efeitos propostos. A toxina botulínica também é um excelente adjuvante e pode ser realizada com dois meses de antecedência para que a noiva ou o noivo usufrua de sua máxima ação na cerimônia.

Por isso, converse com o especialista e veja quais são as opções para os pontos que você quer cuidar em si mesmo, de acordo com o tempo disponível.

Etapa 4: Skincare é tudo!

As orientações pós-procedimentos e a escolha do skincare adequado é superimportante, porque os resultados são potencializados quando o paciente é aderente ao tratamento e aos cuidados necessários. Quer uma dica poderosa? O melhor skincare que posso recomendar mesmo sem conhecer a sua pele é: *protetor solar.*

Noivas e noivos, quero que guardem bem isto: protetor solar é a melhor indicação de skincare e deve ser utilizado duas vezes ao dia, todos os dias, em uma camada sem cor, outra com cor e em todas as áreas expostas. No inverno e no verão, dentro e fora de casa, combinado?

Espero que você tenha entendido a importância das etapas e dos cuidados com a pele antes do casamento. E saiba que muitos me perguntam qual é o segredo para uma pele dos sonhos ou para aparentar ser mais jovem, menos estressado e sem marcas no rosto... Sabe qual é o segredo? Assim como tudo na vida, é constância e boas escolhas.

Escolha um bom dermatologista para acompanhar você, não cuide de si com profissionais não capacitados cujo interesse é somente lucrar com o seu momento. Escolha bons produtos para usar, adequando os cuidados de acordo com a idade e, se possível, iniciando bem cedo. Menos é mais, mas zero (em cuidados com a pele) não é neutro; é negativo com certeza.

Saiba que faço todos esses cuidados que estou indicando aqui. Comecei a cuidar da minha pele desde cedo e, por sempre ter feito a rotina de skincare corretamente, em meu casamento precisei fazer apenas pequenos ajustes e favorecer meus pontos fortes. Fiz alguns preenchimentos estratégicos para melhorar o ângulo do olhar e favorecer ainda mais o efeito da maquiagem, para disfarçar uma pequena depressão que se formou no processo de perda de peso, mantive minha toxina botulínica em dia (meu procedimento favorito desde os 25 anos) e renovei minha pele com peeling químico quarenta e cinco dias antes do evento.

Sendo assim, quero que o seu foco seja: cuide de você! Casamento é um renascimento em si mesmo com o olhar voltado para o outro. Agregando, e não substituindo ou menosprezando o nosso olhar sobre nós mesmos. Então, além de olhar para as flores da decoração, para as músicas da banda ou do DJ, para a cor do vestido das madrinhas, olhe para si. Como quer que olhem para você? Como quer se ver no seu casamento? Como está se sentindo? Como é possível ser ainda mais admirado pelo seu amor?

Infelizmente, os tratamentos faciais são vistos como fúteis para alguns, quando, na

Desejo que você seja imbatível em se cuidar e se amar.

verdade, deveriam ser o início do autocuidado e do olhar para a beleza de fora, a beleza no outro e no amor. Pois só ama bem quem trabalha esse amor interno. A dermatologia estética de qualidade que pratico olha para esse mesmo fim, cujo objetivo é o conforto estético em vez da procura pela perfeição. Trabalho com otimização no lugar de transformação.

Então crie o hábito do skincare, monte uma agenda e tenha um profissional médico dermatologista especialista em estética que possa apresentar as vantagens e seguranças dos melhores tratamentos disponíveis adaptados às suas necessidades e realidade. E tenha sempre jogo de cintura para adaptação, pois a vida de quem vai se casar é, com certeza, uma condição especial.

Por fim, quero que você olhe para os procedimentos estéticos como uma solução, e não um problema. Só assim eles funcionarão adequadamente e com um tempo de recuperação que trará os resultados esperados. Desejo que você seja imbatível em se cuidar e se amar, como noivas ou noivos, esposas ou maridos, e na continuação da jornada do conto de fadas moderno, que é pautado em estar bem consigo e amando o outro.

Casamento é um renascimento em si mesmo com o olhar voltado para o outro.

Dr. Luiz Carlos de Oliveira

06

Transformação: da consulta à preparação

DR. LUIZ CARLOS DE OLIVEIRA formou-se pela Universidade do Vale do Sapucaí (Univás-MG). É especialista em cirurgia plástica, membro do Colégio Brasileiro de Cirurgiões, do International College of Surgeons (ICS) e da Sociedade Brasileira de Cirurgia Plástica (SBCP). É diretor da Clínica Center Plástica e possui mais de trinta anos de dedicação à cirurgia plástica, interagindo nas diversas situações clínicas e apoiando pacientes em suas decisões para encontrarem a melhor performance por meio dos procedimentos.

Para saber mais sobre o autor:
@drluizcarlosoliveira
@centerplastica

06

Existe algo em seu corpo que incomoda e que você gostaria de mudar para o casamento? “Estou acima do peso”, “minhas mamas são pequenas”, “minhas mamas são muito grandes”, “meu nariz não vai sair bem nas fotos”, “minhas orelhas não permitirão o penteado dos meus sonhos”, “o meu vestido não vai entrar”, “será que o meu colo ficará bonito no vestido?”... Essas são apenas algumas das possibilidades para quem está pensando em mudar algo no próprio corpo antes do grande dia. Caso você tenha se identificado com alguma das queixas que deixei aqui, saiba que está no lugar correto, pois é justamente sobre isso que conversaremos nas próximas páginas.

O casamento é considerado um dos maiores eventos que acontece na vida das pessoas. São muitos detalhes que precisam ser planejados para que tudo ocorra perfeitamente bem, e organização é primordial. Caso você esteja pensando em fazer uma cirurgia para essa data, minha sugestão é que faça esse planejamento com antecedência para não gerar estresse e ansiedade em um período que já costuma trazer muitas preocupações para os noivos e para as pessoas envolvidas, como pais e padrinhos. Para exemplificar melhor o que estou falando, quero contar uma história para você.

Em todos esses anos de experiência com cirurgia plástica, tive a oportunidade de vivenciar situações diversas, interessantes e até mesmo curiosas. Certa vez, recebi no consultório uma paciente acompanhada da mãe e da irmã mais nova. A noiva pretendia realizar uma cirurgia plástica mamária e lipoaspiração, e a mãe tinha como objetivo realizar uma cirurgia de rejuvenescimento facial, pois o casamento seria dali a quatro meses. Contudo, esse prazo é muito curto. Tivemos dificuldades para adequar a agenda para atendê-las e foi tudo muito corrido, gerando certo grau de angústia tanto na equipe médica quanto nas pacientes. Felizmente, tudo correu bem, e elas conseguiram os resultados que queriam para o casamento.

Anos depois, recebi a mesma mãe e a filha mais nova, que agora iria se casar e gostaria de realizar uma mudança no nariz e colocar próteses mamárias. Elas chegaram, sentaram-se no consultório e disseram: "O casamento será daqui a doze meses e não queremos passar pelo mesmo estresse da minha irmã". Percebe o que quero mostrar? O planejamento para uma cirurgia precisa acontecer, entre outras coisas, para evitar que exista estresse e preocupação desnecessárias durante esse período. Com a programação e o planejamento adequado, é possível organizar e mudar o que é importante para que você esteja se sentindo a pessoa mais bonita em seu grande dia.

E isso acontece, entre outras coisas, porque a logística de planejamento do casamento consome muito do tempo que temos, e é preciso participar ativamente desse processo. É necessário estar preparado física e mentalmente para executar todos os preparativos do tão esperado dia. E nem sempre os noivos, pais e padrinhos conhecem todos os processos fisiológicos de recuperação de um procedimento cirúrgico, por isso é tão importante uma avaliação, com antecedência e planejamento, ao lado de um profissional especialista na área.

Sendo assim, quero que você, em primeiro lugar, leve em conta que, caso seja do seu interesse realizar um desses procedimentos, é preciso se programar e olhar qual é a data do matrimônio. Falta um ano? Perfeito! Você está no tempo ideal para procurar esse tipo de ajuda. Faltam seis meses? Minha indicação é que inicie *agora* e veja o que é possível fazer.

É necessário estar preparado física e mentalmente para executar todos os preparativos do tão esperado dia.

Isso mostra que quanto antes você tiver consciência das possibilidades e limitações que estão implícitas em procedimentos cirúrgicos e estéticos e dos prazos necessários para cada um deles, incluindo recuperação pós-operatória completa, melhor. A recuperação, mesmo que seja rápida em alguns casos, considerando as particularidades do casamento que dependem de maior energia e movimentação física, pode fazer com que algumas atividades sejam mais difíceis, como abraçar convidados e dançar – e ninguém quer deixar de fazer isso na grande comemoração. E lembre-se de que hematomas e inchaços demoram para sair e exigem cuidados específicos para que tudo fique perfeito, hein?

Algumas das possibilidades que você pode considerar são: excesso de gordura no abdome, nos flancos ou nos culotes; mamas flácidas, grandes ou pequenas; e nariz ou orelhas incomodando. Todas essas angústias podem ser consideradas nesse momento e levadas para o especialista, para que ele possa dar a devida orientação a respeito dos procedimentos.

Então quero que você imagine agora se pretende realizar algum desses procedimentos para que esteja recuperado e sem limitações em seu grande dia. E sei que o planejamento, em muitos momentos, não será fácil, e a correria do dia a dia pode fazer com que você acabe deixando para amanhã o que precisa ser feito hoje. Entretanto, se programar é fundamental para que você não se sinta frustrado, triste, desanimado, angustiado ou ansioso.

Você precisa ter em mente que todo grande projeto necessita de organização – isso vale para o casamento e para uma cirurgia estética. Então separe um tempo agora, procure um especialista e comece a planejar essa etapa para que você tenha tempo de estar se sentindo bem em relação ao seu rosto e corpo. E planejar etapas não é útil apenas como exercício pré-nupcial, mas também é um ótimo começo para a vida de casado e que contribuirá muito para a conquista de maturidade tanto no relacionamento quanto na vida.

Você precisa ter em mente que todo grande projeto necessita de organização.

Eu separei quatro passos importantes para você começar a sua jornada. Vamos vê-los juntos?

Passo 1: Identifique o incômodo e busque um especialista

Vale reforçar: se existe algo em seu corpo que incomoda você e que acredita que poderia ou deveria ser melhorado com a cirurgia plástica ou algum procedimento estético, procure um especialista o quanto antes. O objetivo é planejar e executar o procedimento com o profissional, permitindo tempo hábil para uma boa recuperação e, consequentemente, melhor performance no dia tão sonhado.

Passo 2: Considere o tempo como seu aliado

Quer saber alguns períodos que são importantes?

- Mamoplastia de aumento: pelo menos dois meses para ter plena recuperação.
- Mamoplastia redutora: pelo menos três meses.
- Lipoaspiração: é um procedimento de rápida recuperação, entretanto as áreas podem apresentar edemas, equimoses ou fibroses, então a sugestão é em torno de dois meses.
- Abdominoplastia sem plicatura muscular: de quarenta e cinco a sessenta dias.
- Abdominoplastia com plicatura muscular: três meses.
- Otoplastia (orelhas): normalmente trinta dias são suficientes.
- Rinoplastia (nariz): para um resultado mais natural, sem edemas e com mobilidade das estruturas nasais, são necessários três meses.
- Facelifting (cirurgia da face): a recuperação sem equimoses e com boa mímica facial leva em torno de dois meses.
- No caso de cirurgia íntima, o tempo necessário para uma boa recuperação é de aproximadamente dois meses.

Sendo assim, a maioria dos procedimentos precisa levar em conta em torno de dois a três meses para recuperação completa. Isso além do tempo que você levará para encontrar um profissional de confiança, realizar as avaliações e os exames e agendar o procedimento.

Passo 3: Cuide do seu corpo antes da cirurgia

Se estiver acima do peso, é recomendado perder quilos na balança e adequar o peso antes da cirurgia plástica pretendida. Isso é especialmente importante para garantir melhores resultados e evitar complicações durante o procedimento.

Para isso, você pode buscar ajuda de um profissional da área, como um nutricionista ou nutrólogo. Eles serão excelentes nesse processo e com certeza você estará em ótimas mãos para realizar a cirurgia já com as melhores condições corporais.

Passo 4: Escute quem entende do assunto

Pode parecer simples ou bobo, mas quero que saiba que é essencial seguir as orientações do especialista em todos os passos do processo, desde a decisão de realizar a cirurgia ou o procedimento estético até o pós-operatório. É isso que vai garantir resultados seguros e satisfatórios.

Todo grande projeto necessita de planejamento, então coloque o que aprendeu aqui na sua lista de prioridades, respeite os prazos de recuperação e siga as orientações dos profissionais. Assim, tenho certeza de que você terá os melhores resultados. Não deixe para a última hora, pois isso poderá comprometer seu bem-estar em um dia tão especial.

Para terminarmos esse momento importante, quero que você se prepare física e mentalmente, tenha uma boa alimentação e faça exercícios físicos. Sonhe e deseje o melhor para você, acreditando que tudo é possível. Ser feliz depende de você, então quanto mais se aprimorar, mais agradável será estar na própria companhia. Não se esqueça disso.

Sonhe e
deseje
o melhor
para você,
acreditando
que tudo é
possível.

Dra. Francine Pereira.

20

Como estar e se sentir deslumbrante com seu corpo

DRA. FRANCINE PEREIRA é empreendedora, especialista em estética avançada, obstinada nas técnicas estéticas e em conhecimento científico. Iniciou a sua carreira como professora universitária, possuindo títulos de mestra e doutora nas áreas de Fisiologia Humana e Farmacologia. Atualmente, também é coordenadora de curso de graduação em Estética e Cosmética, avaliadora do Instituto Nacional de Estudos e Pesquisas (INEP) e docente em Residência de Harmonização. Seu compromisso é trazer a melhor versão de todos os seus pacientes.

Para saber mais sobre a autora:
@drafrancinepereira

É claro que o noivo é muito importante na cerimônia e ele precisa estar se sentindo muito bem com a roupa que vai vestir. Entretanto, peço licença para falar aqui sobretudo com você, noiva, que muito provavelmente enfrenta algum tipo de insatisfação com o próprio corpo em regiões específicas e que ficam mais evidentes dependendo do estilo de roupa que é usado. Mas, claro, noivos são bem-vindos. Se você também está passando por esse momento de insegurança, venha comigo.

Essa insatisfação acontece há muito tempo, acredite, e se você já passou pelos passos iniciais da escolha do tão temido vestido branco – que será o centro das atenções –, é provável que saiba exatamente do que estou falando. Na maioria das vezes, a noiva, que já está fazendo o gerenciamento de peso corporal, deixa de escolher o vestido dos sonhos pois percebe que existem regiões mais difíceis de perder peso que ficarão evidenciadas, como barriga, braços, coxas, local próximo às axilas e a temida "gordurinha" do sutiã.

Isso para não mencionar a retenção hídrica (ou inchaço), situação bem comum em que líquido se acumula entre as células e dificulta as reações químicas do organismo, interferindo no metabolismo. Esse inchaço ocorre por inúmeros motivos: alimentação inadequada, estresse, calor, sobrepeso, TPM, fim de gestação, variação hormonal, ingestão insuficiente de água ou até mesmo por ficar na mesma posição por longos períodos do dia. A quantidade de noivas que reclamam de inchaço é enorme, principalmente aquelas que estão grávidas ou acabaram de gestar.

Talvez você não tenha refletido sobre isso ainda, mas, devido ao nível de estresse e ansiedade envolvidos na preparação do casamento perfeito, o corpo eleva os níveis de cortisol (hormônio do estresse), afetando, inclusive, o sistema imunológico. O resultado? Processos inflamatórios e inchaço.

A queixa sobre a flacidez corporal em braços, barriga e bumbum também é frequente – as pacientes reclamam que está tudo caindo. E o motivo é a perda rápida de peso corporal. Nesses momentos, chegam a autocobrança e a comparação. Já passou por alguma dessas situações? Se não, é muito provável que você conheça alguém que passou ou está passando.

O medo das opiniões e dos julgamentos estão presentes a todo tempo, e não realizar aquilo que sonhou – e da forma como sonhou – leva à insatisfação e às sensações de falha por esforço excessivo, ou àquela famosa frase: "Poxa, queria tanto estar bem, mas não estou como queria". Estar insegura vestindo uma roupa que não cai bem segundo a sua percepção leva à sensação de que o planejamento deu errado e não foi colocado em prática da maneira adequada. E podemos ir além: isso pode extrapolar para a vivência do casal, ou seja, a insegurança que já existe será acentuada na vida a dois na construção da nossa autoimagem.

Pensando sobre isso e sobre todas as situações de casamento que já vivenciei em minha experiência com esse assunto, vejo que existem duas possibilidades muito comuns:

1. Dias antes do casamento aparece o inchaço, e a sensação que fica é a de que a roupa escolhida não vai se ajustar;
2. Ao colocar o vestido, e por não ter cuidado adequadamente do corpo antes do grande dia, algumas gordurinhas saltam pelas laterais, resultando em frustração, autocobrança, medo do julgamento e das opiniões alheias.

Esse descontentamento com o corpo, que tem como resultado a infelicidade, muitas vezes está conectado à dificuldade que as pessoas têm de olharem atentamente para aquilo que as incomodam. E é preciso saber que o imediatismo não resolverá o problema.

Se você se identificou com tudo o que falamos até agora e quer saber como pode ajustar essa situação, quero que responda a esta pergunta: Quanto tempo você tem até o dia do seu casamento? Com essa resposta em mãos, a ação que precisa ser feita é procurar quem pode ajudar você a chegar até o seu objetivo. E vale reforçar que ficar lendo informações aleatórias na internet sem efetivamente procurar ajuda especializada mais atrapalha do que ajuda.

Quero que você saiba que é possível aproveitar o grande dia sem se preocupar com posição corporal (postura), caimento da roupa, quantidade de alimentos ingeridos e se sentindo bem na noite de núpcias. É possível sentir-se realizada, satisfeita e bem-vista tanto por si mesma quanto pelo seu par e seus convidados. É uma realização pessoal? Sim, mas é também uma prova e uma validação de felicidade, pois significa que estar sentindo-se maravilhosa gerará desejo, emoções positivas e facilitará a interação social.

Até pode parecer bobagem para alguns, mas já atendi noivas cuja autoestima aumentou muito quando conseguimos diminuir a quantidade de gordura que aparecia no modelo sem alças do vestido que ela havia escolhido. Ademais, infelizmente, as questões sexuais limitantes das mulheres estão muito vinculadas ao corpo, então sentir-se empoderada com a sua imagem é fundamental para proporcionar ao casal um momento feliz e prazeroso.

Para que você possa se sentir melhor no dia do casamento, quero que pare um momento para se olhar atentamente no espelho. A ideia é que consiga visualizar e focar o que quer, qual objetivo tem de melhoria em seu corpo. Depois disso, a escolha do profissional aliado à técnica correta e constância de cuidados que você deverá ter serão o caminho para atingir o melhor resultado. No entanto, vale comentar que não existem procedimentos únicos e milagrosos. O que necessitamos é *constância e respeito ao tempo correto* de cada intervenção para que o resultado seja eficiente. E o primeiro compromisso que deve ser estabelecido é com *você* e com as *suas* necessidades.

Dito isso, montei algumas etapas que você pode seguir a partir de agora para que consiga estar mais feliz com seu corpo no grande dia. Além disso, por ser especialista em estética avançada, falarei sobre alguns procedimentos que podem ser feitos. Vamos juntos?

Primeiros passos

Conforme falei anteriormente, o primeiro passo é entender quanto tempo falta para o casamento para que o plano de ação seja real e atinja o efeito esperado. Caso ainda não esteja fazendo isso, você precisa cuidar da sua alimentação, fazer atividades físicas e beber água regularmente em quantidade adequada. Esse é o início de tudo!

Aplicação de ativos lipolíticos

Agora que já sabe os passos iniciais, o próximo é procurar um profissional capacitado para auxiliar você nessa perda mais pontual. Para isso, existem diferentes tratamentos combinados para que ocorra a redução de gordura acumulada, principalmente nos braços, na barriga, no meio das pernas, nas costas e nas axilas.

O primeiro que quero trazer é a aplicação de ativos lipolíticos (que podem também ser chamados erroneamente de enzimas), cuja função é romper a membrana das células adiposas e degradar o lipídeo (ou gordura), para que ele seja disponibilizado e utilizado pelo nosso corpo como energia. Interessante, não é mesmo? Para cada espessura de gordura, ou seja, dependendo do tamanho das dobras, um conjunto de ativos específicos é utilizado.

É um procedimento que pode ser feito semanalmente e os resultados são vistos nas primeiras semanas. Por isso, caso escolha essa opção, é preciso iniciar o tratamento quatro meses antes da data especial, a fim de que você tenha o número suficiente de sessões. Nos intervalos das aplicações, massagens modeladoras podem ser realizadas para moldar as regiões tratadas, estimulando a circulação.

Criolipólise, radiofrequência e bioestimuladores

Caso haja possibilidade, pode ser utilizada também a criolipólise, que, por meio de baixas temperaturas, estimula o rompimento das células de gordura. Com uma perda muito rápida de gordura, a radiofrequência pode acompanhar o processo para tratamento da flacidez, bem como a aplicação de bioestimuladores de colágeno.

"Nossa, Francine, mas tenho muito medo de cirurgias." Fique calma! Nenhum desses procedimentos é invasivo, ou seja, eles não penetram orifícios nem atingem órgãos internos. No entanto, alguns são injetáveis, por isso também trouxe aqui opções para quem não simpatiza muito com agulhas.

Tchau, inchaço!

Com relação ao edema (inchaço), a drenagem linfática é excelente para desempenhar o papel de estimular a perda hídrica; porém, mesmo que pareça simples, a drenagem requer experiência e pressões manuais adequadas para ter efeito. As sessões podem ser feitas três vezes por semana no primeiro mês, se houver muito inchaço, evoluindo para uma vez por semana. O ideal é realizar uma drenagem algumas horas antes do casamento para que você esteja plena! Muitas noivas incluem no "dia da noiva" uma massagem relaxante ou drenagem linfática – e os resultados são ótimos.

Antes de marcar qualquer procedimento, não se esqueça de checar as contraindicações com o profissional por meio de uma excelente anamnese. Quero reforçar também que os que acabamos de ver são apenas algumas opções. A aplicação e combinação dependerá do profissional escolhido e do tratamento que você procura.

Quando atendo noivas, percebo que a minha expectativa caminha ao lado da delas a cada procedimento feito. E é uma realização verificar que as queixas trazidas vão diminuindo e a segurança com a autoimagem vai aumentando. Como disse, existem vários tratamentos corporais e diferentes abordagens para as angústias das pacientes, no entanto, conhecer o funcionamento corporal e, consequentemente, como o procedimento age fisiologicamente, possibilita ao profissional realizar a melhor escolha.

Há algum tempo, recebi uma noiva extremamente ansiosa e insegura com o seu corpo, e ela tinha dois grandes problemas: pouco tempo e muito estresse. Seu organismo não respondia bem aos tratamentos individualizados e então, para otimizar, resolvi estabelecer uma condução diferente (dentro dos parâmetros fisiológicos e seguros), alterando os procedimentos e utilizando a variação como linha de ataque. Os resultados foram surpreendentes! E o noivo, que antes tratava a decisão dela como supérflua, aderiu ao procedimento. Até hoje recebo a família para tratamentos, acredita?

E foi assim que vi na prática que procedimentos combinados podem potencializar os resultados. Comecei a minha carreira realizando apenas alguns métodos específicos e que tinham bons resultados. A partir dessa noiva, esse combo aconteceu por necessidade, assim como a maioria das mudanças em nossa vida.

Estamos caminhando para o fechamento do capítulo e quero que saiba que todo resultado de sucesso vem do planejamento das ações. Se não houver identificação e organização dos procedimentos a serem realizados, não haverá entendimento de que o tempo é um fator crucial para que o corpo consiga responder aos estímulos. E o mais importante: para que o corpo não seja sobrecarregado de substâncias e procedimentos que, se cumulativos, poderão ser mais prejudiciais que benéficos.

Ao decidir realizar ações que interferem no aspecto corporal, temos que saber que cada corpo tem um metabolismo, e as respostas vão depender de como o seu organismo está. Pense nele como uma casa: você recebe visitas com a casa suja? Se quiser reduzir a gordura localizada, não adianta fazer isso sem realizar o gasto desses lipídeos que serão disponibilizados pelos agentes lipolíticos, ou seja, sem fazer atividade física. Também não adianta romper células de gordura e continuar ingerindo alimentos que vão repor o que você está tentando retirar. Nosso metabolismo corporal depende do que ingerimos, gastamos e da quantidade de água consumida. Os procedimentos estéticos darão um "plus" maravilhoso, mas serão anulados se não forem acompanhados pelos cuidados necessários. Meu conselho é: *não existe truque; existe planejamento.*

Você é detentora da decisão de como será o grande dia. O casal comandará o show. Se algo incomoda você a ponto de afetar o que planejou, saiba que existem alternativas eficazes para que consiga atingir o seu objetivo de curtir ao máximo o casamento!

Por isso, busque auxílio, tire dúvidas, reflita sobre o quanto os procedimentos podem auxiliar você a se ver mais bonita do que já é. Mas tenha certeza: eles apenas vão realçar o que de melhor existe em você – um corpo bonito é somente uma casa, e não um lar, se não vier acompanhado de um coração feliz. E a você, desejo que encontre o seu *lar.*

É preciso saber que o imediatismo não resolverá o problema.

Um corpo bonito é somente uma casa, e não um lar, se não vier acompanhado de um coração feliz.

Lucinha Silveira

O vestido ideal é aquele que faz você feliz!

LUCINHA SILVEIRA é natural de São Paulo, e há mais de trinta anos atua no mercado de moda, como estilista de noivas, e de festas, com uma marca que leva o seu nome, Atelier Lucinha Silveira. Durante sua trajetória como estilista especializada em noivas, assessorou milhares de mulheres em seu ateliê e criou um evento intitulado Workshop para Noivas.

É consultora de moda e estrategista de estilo profissional, e compartilha essa sua expertise em palestras e por meio de seus livros, que foram escritos em coautoria. São eles: *Estressadas: o guia de sobrevivência da mulher do século XXI* (Editora Coachl, 2021), *Seja (im)perfeito: assuma o poder de construir o seu futuro e tenha resultados em todas as áreas da vida* (Editora Gente, 2022) e *Vista-se para o sucesso* (Editora Coachl, 2023).

Lucinha Silveira também ministra treinamentos e workshops corporativos como mentora de estilo, abordando assuntos relacionados ao poder da imagem pessoal e profissional. Possui especializações nacionais e internacionais, bem como diversas premiações ligadas ao empreendedorismo em instituições como Fecomércio e Sebrae.

É pós-graduada em Design de Moda, com inúmeras certificações na área, e possui formações profissionais na Itália e na França, que trouxeram uma bagagem significativa à sua trajetória profissional.

Para saber mais sobre a autora:
@lucinhasilveiraoficial
@atelierlucinhasilveira
www.lucinhasilveira.com.br

A aliança de noivado está no seu dedo e você está planejando o casamento? Se sim, inicia-se agora uma fase de indecisão e insegurança. Um dos maiores dilemas que as noivas enfrentam na escolha do vestido é encontrar um modelo que as encante, combine com o estilo pessoal e atenda às expectativas. É muito desafiador encontrar o vestido ideal, por isso quero destacar aqui os três principais desafios que a noiva enfrenta nessa busca tão especial. Vamos lá?

1. "Estou noiva, por onde começo?"

Uma dúvida que assombra todas as noivas é não saber por onde começar. Como decidir entre um vestido feito sob medida, alugado ou comprado pronto? Muitas vezes, a mulher não encontra um vestido do qual goste totalmente, e apenas se identifica com detalhes específicos de diferentes modelos. Você passou por isso ou conhece alguém que já tenha passado? Essa situação é muito comum. Por exemplo: "Gosto da saia de um vestido, mas prefiro o corpo de outro e o decote de um terceiro... e agora?".

2. "Estou ansiosa e não sei se vou encontrar algo de que goste"

A busca pelo vestido ideal pode ser estressante e cansativa. A noiva tende a se sentir sobrecarregada com tantas opções e preocupada em encontrar o modelo que a faça se sentir especial e confiante no dia do casamento – afinal, ela será o centro das atenções!

3. "Devo ir atrás do meu sonho de vestido ou ouvir a opinião dos outros?"

Conciliar sugestões de parentes e amigas é uma tarefa desgastante, pois todos querem opinar na escolha do vestido. A noiva não quer ser deselegante ao não escutar as ideias, mas isso pode deixá-la ainda mais indecisa e ansiosa. Por mais que essas opiniões sejam bem-intencionadas, acredite quando digo que elas são apenas "pitacos" e não oferecem orientações seguras e corretas. Guarde isso por enquanto, combinado?

Quero que saiba que é fundamental que você lide com tudo isso o quanto antes, a fim de passar pelo processo de organização do casamento de maneira *leve* e *prazerosa*. Encontrar o seu vestido ideal é primordial para fazer algumas escolhas com tranquilidade, sem estresse.

Sendo assim, em termos de prazo, preciso começar dizendo que o ideal é escolher o vestido com pelo menos *dez* meses de antecedência, para ter tempo hábil de confeccioná-lo sob medida caso não encontre algo pronto que realmente encante você. "Meu Deus, Lucinha, mas eu já não tenho esse tempo. E agora?" Calma! Ao longo do capítulo, falaremos ainda sobre alguns pontos que vão ajudá-la a se encontrar no universo dos vestidos de noiva. O mais importante agora é: lembre-se de que o seu vestido refletirá a sua essência e personalidade, sendo a peça central e mais significativa do casamento. Um dos momentos mais emocionantes e esperados pelos convidados é a entrada triunfal da noiva!

Antes de falarmos sobre os passos principais, quero explicar que a sua busca pelo vestido ideal pode parecer desafiadora, pois você quer algo perfeito e que cairá como uma luva, estou certa? Então é possível que tenha se deparado com algumas perguntas: vestido *off-white* ou branco? Com ou sem brilho? Sereia ou rodado? Com ou sem cauda? São tantas dúvidas que é possível que sua cabeça esteja lotada! Isso acontece porque

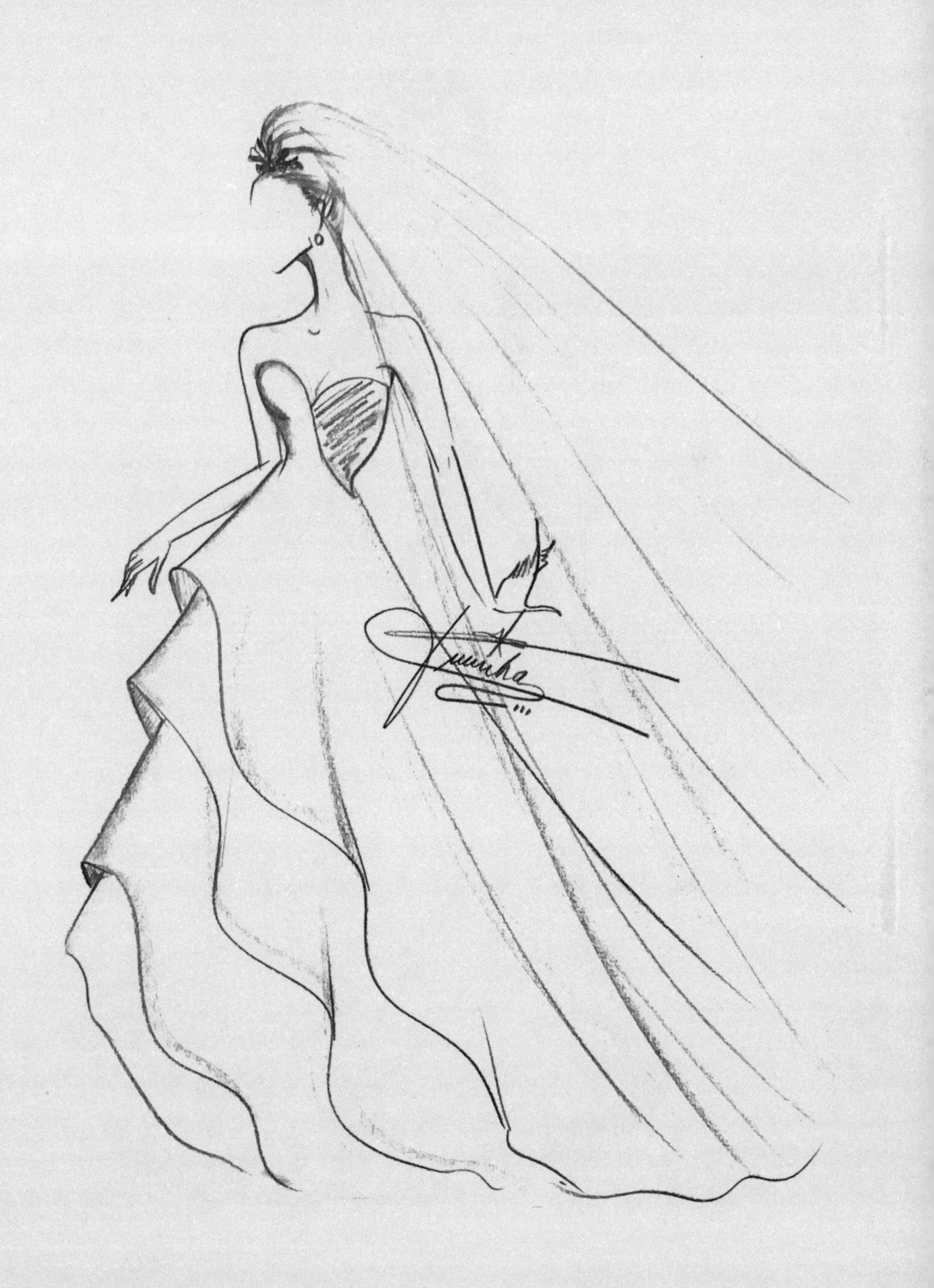

a insegurança e a pressão para tomar a decisão certa podem ser esmagadoras. Família, amigas próximas e parentes, mesmo sem querer, também acabam reforçando esses sentimentos.

Vale relembrar aqui que encontrar o vestido perfeito precisa ser uma jornada divertida e emocionante. Apesar disso, existem noivas que passam pelo oposto. E sabe por que tudo isso acontece?

O "novo" traz insegurança. A inexperiência em lidar com um momento tão único e especial como esse é uma das principais causas. Muitas noivas nunca se casaram antes, e tudo é inédito para elas, e o medo de errar está presente. Elas chegam até o meu ateliê e dizem: "Lucinha, eu nunca me casei! Isso é tudo novo para mim! Me ajude!". Eu entendo, acolho e oriento essa noiva, porque sei como é importante não errar nesse dia tão especial.

Além disso, as expectativas criadas pelas redes sociais, em que as pessoas se comparam constantemente com famosos e influenciadores, também podem contribuir para a insegurança. Isso sem contar quando recebo noivas que me contam experiências decepcionantes que suas amigas viveram no próprio casamento. Tudo isso devido à escolha equivocada do vestido – seja pela falta de conforto, por seus vestidos não combinarem com o que elas sonhavam ou até por terem entregado o grande sonho nas mãos erradas.

Você não quer isso para o seu casamento, certo? Tenho certeza de que não!

Para encontrar o vestido ideal é fundamental criar uma conexão entre o casamento dos seus sonhos, um vestido inesquecível e profissionais capacitados. Para que você se sinta linda e bem-vestida, é crucial saber qual é o estilo que mais lhe agrada e qual tem conexão com a mensagem que você deseja transmitir. Talvez você não saiba, mas existem diversos estilos de vestidos de noivas, e cada um deles apresenta características únicas e pode ser adaptado para diferentes cerimônias e perfis. E não existe "certo ou errado", o importante é escolher um estilo que reflita quem você é!

Encontrar o vestido perfeito precisa ser uma jornada divertida e emocionante.

Tenha isto em mente: para estar deslumbrante, é preciso realçar a sua beleza em um vestido de noiva que valorize o seu tipo de corpo e destaque os seus pontos fortes. Outra questão importante é: preste atenção aos detalhes, como o corte da peça, a cor e os acessórios, para criar um visual harmonioso. E sabe como tudo isso fluirá melhor? Com a escolha de um profissional especializado com anos de experiência, garantindo um final feliz e orientando a sua escolha com segurança e confiança.

E para guiar essa orientação, quero destacar três passos importantes:

1. Pesquise inspirações

Busque referências de vestidos dos quais você gosta muito e crie uma pasta no Pinterest ou no computador ou no celular com as suas escolhas favoritas. Analise também as referências em sites especializados e de estilistas renomados na indústria da moda noiva, como Vera Wang, Elie Saab, Zuhair Murad, Carolina Herrera e Monique Lhuillier.

Neste passo, quero que você não perca tempo com vestidos de que apenas "gostou", selecione somente o que *amar*. Como estilista especializada em noivas, percebi que, para oferecer uma análise de estilo do vestido ideal para a cliente, é preciso, primeiramente, analisar as referências que a noiva traz consigo e orientá-la, para que tais referências e o que a noiva sonha tenham conexão entre si.

2. Escolha um ateliê de confiança

Diferentemente do que muitas noivas acreditam, provar em diversas lojas e ateliês aumenta a indecisão e pode transformar um momento tão especial em um verdadeiro pesadelo. Recomendo que escolha no máximo duas lojas de sua confiança para que você tome a decisão final de maneira segura.

3. Diga "sim" para o vestido ideal

Siga a sua intuição e o seu coração. Escolha um vestido que faça você se sentir A noiva, que acelere o coração e cause uma ansiedade gostosa. Não aceite escolher um vestido do qual apenas gostou ou que está "dentro do planejamento", mas sim um pelo qual você se apaixonou e com o qual se imagina entrando no altar. Essa lembrança a acompanhará pelo resto da vida, então não a deixe em segundo plano.

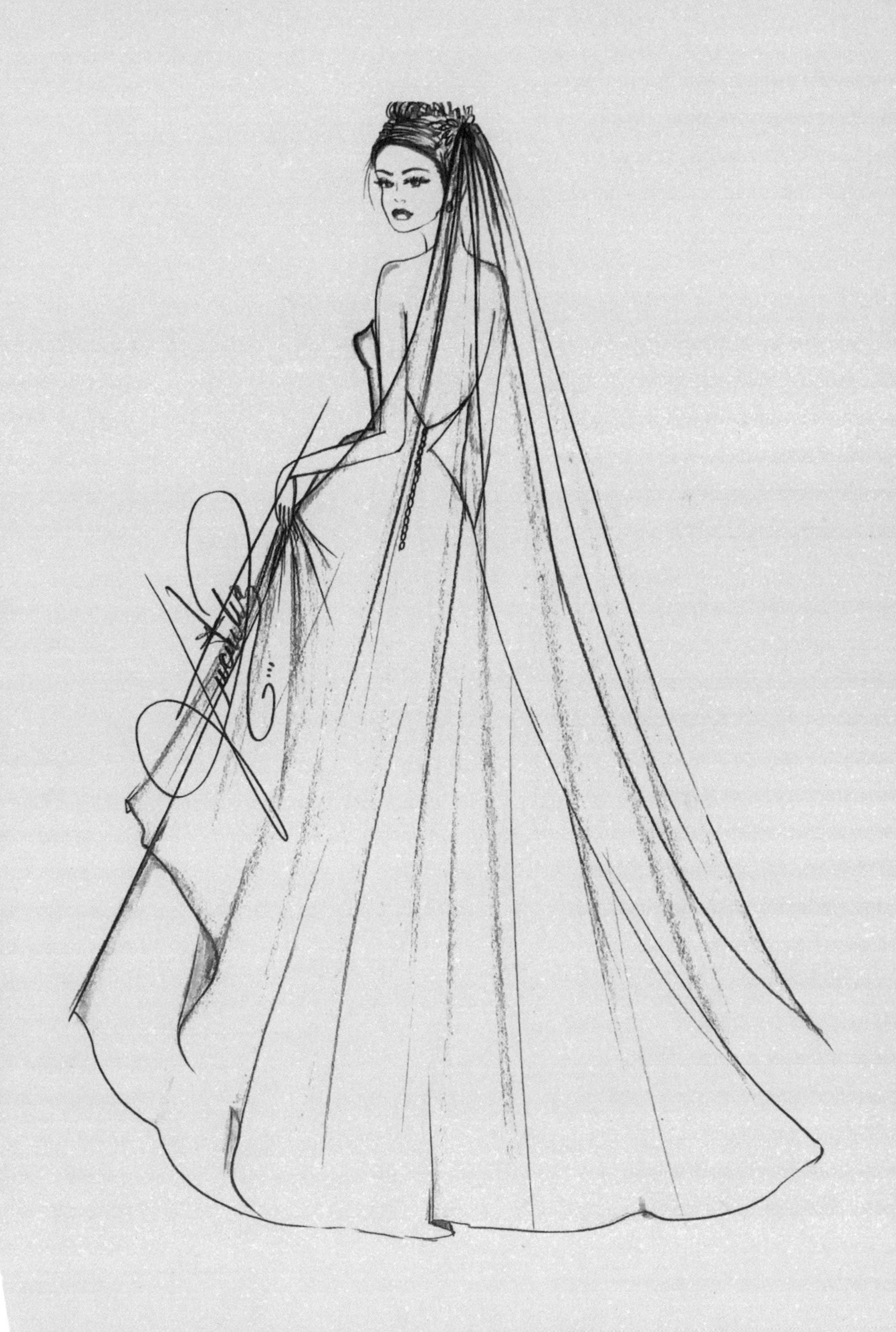

Lembro-me de uma noiva que atendi em meu primeiro ateliê. Ela era uma moça muito especial e desejava se casar com um vestido inspirado na Lady Di, princesa de Gales. Esse era o vestido mais desejado da época e as informações chegavam retiradas de revistas, jornais e noticiários. Naquela ocasião, eu já tinha uma experiência de muitos anos com noivas e desenvolvi uma modelagem de estilo clássico com materiais como seda pura, cristais tchecos com lapidação quadriculada, saia majestosa e uma cauda imensa. Finalizamos o seu vestido com detalhes em *voillette* francês.

Você é única e merece um vestido especial e singular.

Diante da segurança que a noiva sentiu ao ser apresentada ao vestido, a todos os materiais que fariam parte dele, aos croquis inspirados nas referências que ela havia passado, e com uma orientação segura e sólida, ela foi tomada por uma emoção sem tamanho e um encantamento gigantesco pelo vestido de noiva dizendo "sim" para ela. Nunca vou esquecer do brilho que havia nos olhos dela!

Quero que saiba que utilizo esse método de atendimento desde o início da minha carreira e ele é muito eficiente para ajudar as noivas a descobrirem o próprio estilo, seus desejos íntimos, o que veste bem em cada um. Conduzir com segurança as mulheres até o vestido ideal é obrigação de todo profissional que atende noivas, porque é uma peça que marcará a vida e o casamento.

Por isso, quero que você, como noiva, não abra mão de ter ao seu lado os melhores profissionais. Você é única e merece um vestido especial e singular que, além de estar conectado com os seus sonhos, vista perfeitamente em você e te faça se sentir a mulher mais bonita do mundo. Não tem melhor início para uma feliz e próspera vida a dois.

Desfrute desse momento tão único que é a escolha do seu vestido. Escolha com o coração, assim como escolheu o amor da sua vida. E nunca se esqueça: o vestido ideal é o vestido que faz você feliz!

Conte comigo!

Thais Veigas

Retrate momentos únicos

60

THAIS VEIGAS é fotógrafa e retratista. Nascida em Sorocaba, é formada em Turismo e atuou como agente de viagens por nove anos. Iniciou na fotografia há dez anos como um hobby e, por gostar muito, hoje se dedica a contar histórias por meio dos retratos de modo único e singular. Acredita que a essência de cada pessoa é a grande força para se trazer em um retrato.

Já retratou grandes mentores, como Chai Carioni, Robson Hamuche, Renato Ribeiro e Patricia Calazans.

Para saber mais sobre a autora:
@thaisveigas_

Quero que você feche os olhos por um momento e se imagine daqui a dez, vinte anos... Imagine que você foi até o local em que está guardado o álbum de fotos do casamento e o pegou para relembrar momentos tão especiais. As fotos estão lindas, mas tem algo de errado... elas não ficaram exatamente como você havia imaginado.

A cada página que olha, você deseja que tivesse dado mais atenção à escolha do profissional. Aquelas fotos são o registro real de um momento tão único e importante na vida do casal, mas elas não o representam muito bem. E assim você sente em seu coração que a escolha não foi a mais acertada... Mas o tempo passou e não tem como voltar atrás. Agora sobrou só arrependimento e, principalmente, frustração de ter aquela parte da história contada de modo banal por alguém que não teve a preocupação e o cuidado necessário.

Agora volte ao passado, em tempos mais antigos em que a fotografia era tão escassa que apenas as pessoas mais ricas tinham acesso a ela. Quantos casamentos lindos e mágicos foram feitos sem possuir um registro fotográfico? Enquanto escrevo isso, lembro-me da minha avó, que só tem uma única foto desse dia. No retrato, é possível ver só ela vestida de noiva. E, mesmo assim, consigo sentir a emoção e a felicidade do momento, pois isso está estampado no rosto dela. Ela guardou esse retrato pelo resto da vida, e é possível se emocionar ao olhar para ele.

Quando reflito sobre isso, sei que somos privilegiados por termos a fotografia em nossas mãos, ao alcance livre, a qualquer momento. Mas mesmo com tudo isso, vejo muitas fotos sem essência, sem a riqueza do momento. Difícil, não é? E pela minha experiência como fotógrafa, posso ajudar você a não passar por isso.

Ao longo da minha trajetória, percebo que, muitas vezes, os noivos não dão a devida importância e se baseiam em escolher o fotógrafo do dia do casamento pelo valor, ou então deixam para escolher em cima da hora. E isso é um grande erro, pois será o registro de um evento único na vida do casal. Em determinado momento, passei por uma situação complexa e quero compartilhá-la com você.

Em uma ocasião, fui como convidada a um casamento que era em uma cidade distante de onde moro. Quando entrei no local, me avisaram que a noiva queria falar comigo. Pensei: *Ué, que estranho*, mas fui mesmo assim. Ela confessou, quase aos prantos, que os fotógrafos não haviam chegado ainda, com uma desculpa nada plausível para não estarem lá. Segundo ela, provavelmente não chegariam a tempo! Vendo o sofrimento do momento, prontamente me dispus a ajudá-la e fiz os registros do casamento com o que havia nas mãos: meu celular! Felizmente, por saber de fotografia, consegui fazer registros únicos e que contaram a história desse dia tão especial.

Mas e o valor pago? Afinal, gastaram com um serviço que não receberam! Mesmo que as fotos do meu celular tenham ficado lindas, não era a mesma coisa que uma equipe completa de fotografia cuidando de todos os detalhes e realmente preocupada em fazer dessa data um momento memorável. É um evento que não se repete, diferentemente de um ensaio, por exemplo. Isso acontecer no dia do casamento é muito triste e frustrante.

Por isso, escolher o profissional correto para o grande dia é fundamental. São registros únicos, que estarão para sempre eternizados na vida do casal. Nos anos que tenho trabalhado como fotógrafa e retratista, percebo cada dia mais que a fotografia conta uma história que será eternizada.

Por meio das lentes do fotógrafo, se captura instantes carregados de emoções e sentimentos poderosos.

Por meio das lentes do fotógrafo, se captura instantes carregados de emoções e sentimentos poderosos. É um sonho realizado, o começo de uma nova história de vida.

E podemos olhar para outros aspectos: não é apenas o dia do casamento que é importante, pois o pré-wedding também é fundamental. Imagine olhar depois de tantos anos para o ensaio pré-wedding e sentir que não ficou conectado com o que você gostaria? Momentos perdidos não voltam mais! Se for feito corretamente, olhar para esses registros vai trazer aquela saudade boa da ocasião e permitirá reviver como se tivesse sido ontem.

Existem, sim, muitos detalhes na cabeça do casal, afinal, planejar um casamento não é fácil. Porém, por mais que o trabalho seja terceirizado a outros profissionais, a decisão é sempre das pessoas que vão se casar, então precisa ser feita de modo que não haja arrependimentos depois. O fotógrafo e os noivos precisam ter uma identificação e se conectarem, para que o resultado seja o esperado para ambos. Contratar às cegas é o pior erro que vejo muitos casais cometendo.

E sei que esse processo todo é muito difícil. Dentro do meu trabalho, percebo o quão árdua é a tarefa de planejar esse momento. Sempre me coloco no lugar dos noivos e a primeira coisa que me vem à cabeça é a lista de coisas que têm que ser resolvidas e a quantidade de decisões que precisam ser tomadas. E escolher um profissional entre tantos também é complicado. *Como fazer isso? De qual forma? Qual é o critério? Por onde começar?* São tantas decisões que, muitas vezes, o fotógrafo acaba ficando lá no fim da lista. E então vem o estresse e a sensação de querer que uma fada madrinha apareça e faça uma mágica (*plim*!) para resolver tudo e todas as decisões, para que o casal só apareça lindo e pleno no grande dia. Sim, sei de tudo isso porque também já me casei e atravessei toda essa jornada.

Mas confie em mim: tudo passa! Por mais estressante e difícil que esteja sendo agora, é um momento único na vida de vocês, então lembrem-se de tudo o que já viveram juntos para chegar até aqui, e que tal ocasião merece entrega total. Fiquem atentos aos detalhes, pois eles farão a diferença e serão memoráveis na vida de ambos, sem sombra de dúvidas. E o fotógrafo é um dos elementos principais de todo o processo. É ele quem vai entender essa história tão única do casal e contar isso de modo que vocês queiram reviver tudo só de olhar.

Existem muitos pensamentos tomando todo o espaço disponível da vida do casal. *Como contratar um bom fotógrafo? Ao que eu devo me atentar para não ter problemas? Vou por indicação? Mas minha amiga que casou não tem o mesmo gosto que o meu... O que eu faço, afinal?* Essas são apenas algumas das perguntas que se passam em nossa cabeça. E não saber por onde começar é normal. Você não precisa se desesperar com isso.

Um ótimo começo é sentar-se para conversar com o seu parceiro ou sua parceira e entender mais sobre a história de vocês. Por outro lado, um bom fotógrafo precisa viver esse processo também. Quando paro para dialogar com os noivos sobre o antes, o durante e o depois... esqueço-me de tudo e me dedico inteiramente a entender a trajetória do casal, e o que os levou a viver esse momento tão único e incrível. E, claro, penso sobre qual é a melhor maneira de capturar tudo isso. Meu objetivo principal, sem sombra de dúvidas, é capturar a alma daquela ocasião por meio das minhas lentes, um instante de vida capturado para a eternidade.

Guarde algo muito importante: a fotografia deve conter a *humanidade* do momento. Pense em um filme romântico que você ama. Como a história é contada? Quando o casal está junto, parece que o tempo para e que só existe aquela cena, aquele beijo e aquela declaração. Parece que tudo corre em câmera lenta. É exatamente assim que você deve imaginar o seu ensaio e o dia do seu casamento. Como gostaria que essa história fosse contada? Pense em lugares e paisagens únicas que vocês amam. Por que não fazer um ensaio pré-wedding nesse lugar?

Como turismóloga, conheço muitos lugares maravilhosos e paradisíacos para um ensaio. Todos eles possuem paisagens que podem trazer um olhar único e especial para o ensaio de um casal. Por que não fazer o ensaio com um pôr do sol na montanha com aquela vista de tirar o fôlego? Com construções antigas ou até mesmo em lugares conhecidos, como Fernando de Noronha, Grécia ou Roma? Você precisa sonhar para viver e deve ir fundo nas realizações desse dia tão especial.

Então, para que possa sentir mais segurança nesse processo e consiga encontrar a pessoa certa para registrar o casamento, quero falar sobre o método Casamento em Foco, composto de três etapas que vão ajudar o casal nessa escolha tão importante.

Etapa 1: Pesquisa

Antes de sair buscando vários profissionais, pense em como você gostaria que a sua sessão pré-wedding e o casamento fossem feitos. Busque referências na internet de fotos de que vocês gostam ou até de um filme inspirador. Só então vá atrás dos profissionais da sua região, baseando-se nas referências que você compilou.

Faça uma lista dos melhores e entre no perfil de cada um. Com esse passo, você já eliminará muitas opções e começará por aqueles que mais chamaram a sua atenção.

Feito isso, deixe no máximo cinco fotógrafos selecionados para o próximo passo.

Etapa 2: Identificação

Após uma pré-seleção dos preferidos "visualmente", é hora de conversar presencialmente com alguns. Essa conversa funciona para que você possa entender o modo de trabalho do fotógrafo e se existe ou não conexão com ele.

Essa conversa inicial e presencial é muito importante, pois é quando eu me coloco no lugar dos noivos e entendo que, com certeza, é uma decisão difícil. Porém, passar segurança, confiança e tranquilidade são atributos essenciais – e você precisa procurar isso em um fotógrafo. No meu caso, nessa conversa sempre mostro toda a minha forma de trabalho, como conto a história de cada casal de modo único e singular. Também faço um mapeamento para entender do que eles gostam ou não.

Quero que nesse papo você observe também a consistência das fotos. Como elas ficam impressas nos álbuns que o fotógrafo tem no portfólio? Estão tão bonitas quanto no site ou no Instagram? Perceba se a qualidade se mantém ou não, isso é muito importante!

Nessa parte do processo, deixe no máximo três fotógrafos preferidos. E vamos para a última etapa.

Etapa 3: Análise e decisão

Chegamos à fase final. Analisar e tirar todas as dúvidas com cada um é primordial para a decisão definitiva. Verifique prazos de entrega, questione sobre a equipe (quantos fotógrafos vão fazer a cobertura do casamento?), como funciona o pré-wedding, local, deslocamento etc.

Quero que analise profundamente o trabalho de cada profissional e se questione: *Esse é realmente o tipo de foto que quero para o meu casamento? Ou só estou escolhendo por influência externa de alguém?* A escolha final tem que depender unicamente do casal.

É um rito de passagem, um marco que será lembrado eternamente.

Aqui você pode perguntar para amigos ou parentes se julgar necessário, mas lembre-se de que a decisão será de vocês, afinal será o registro eterno do início da vida a dois.

Ao longo da minha carreira como fotógrafa e retratista, busquei um método para entender com profundidade o que as pessoas buscam em um bom retrato ou uma boa foto. Sentar, conversar e entender de verdade, fazendo um mapeamento de tudo do que gostam ou não, é primordial. Quando o briefing do evento é feito, entender todos os detalhes daquele dia que será único faz toda a diferença no resultado.

O trabalho vai muito além do que apenas fotografar. Ele traz para a eternidade algo que será contado e lembrado por uma vida inteira. E para isso, sempre auxilio os noivos a ter essa clareza, explicando com todos os detalhes, trazendo referências e, principalmente, conhecendo de verdade a história de cada casal.

Em uma dessas conversas que fiz com futuros casados, lembro-me de a noiva me contar sobre o quanto praia era algo importante na vida deles, pois se conheceram em uma e o pedido de casamento foi feito também em uma praia e ao pôr do sol. Eles planejaram, portanto, todo o casamento para que fosse feito em uma praia. Sentamos e conversamos sofre referências para mapear como tudo seria estruturado (melhor horário para iniciarmos o ensaio, depois cerimônia e festa) e o resultado foi um ensaio e um casamento com fotos lindas, únicas e emocionantes. Quando entreguei o álbum, percebi pelos olhos do casal que não importava o tempo que passasse, aquele momento foi eternizado e marcado de modo lindo e único... Exatamente como queriam!

Até agora você já percebeu que casar será um ponto muito marcante na vida a dois e as fotos são um passo fundamental. É um rito de passagem, um marco que será lembrado eternamente. Por isso, ter os melhores

A conexão e a atenção aos detalhes implicarão nos registros eternizados.

registros é o que todos querem, pois tirar uma foto e congelar um momento revelam o quão rica é a realidade. É como dizia Henri Cartier--Bresson: "Fotografia é colocar na mesma linha: a cabeça, o olho e o coração".[1]

A escolha do profissional deve ser baseada em muito mais do que belos cliques. Você precisa se atentar ao modo como a história será contada. A conexão e a atenção aos detalhes implicarão nos registros eternizados. E é isso que você deve sempre buscar em uma foto ou um retrato: a essência da verdade e a beleza daquele acontecimento.

Para fechar, meu conselho a vocês que estão prestes a tomar essa importante decisão é: conexão é a palavra-chave para as melhores fotografias. Então encontre um profissional que saiba criar isso de modo único e leve, conduzindo o ensaio e o casamento como se conhecesse vocês há muito tempo. Essa pessoa, acima de tudo, precisa trazer beleza por meio das fotos e representar tudo isso contando a história mais importante de todas: a de vocês!

1 ASSOULINE, P. **Cartier-bresson**: o olhar do século. Porto Alegre: L&PM, 2012.

O trabalho vai muito além do que apenas fotografar. Ele traz para a eternidade algo que será contado e lembrado por uma vida inteira.

Marina Jumes

Doces únicos para momentos únicos

10

MARINA JUMES é uma advogada que encontrou o seu potencial no mundo dos chocolates. Há dez anos é *chocolatier* da empresa Marina Jumes Chocolateria e a sua maior realização está em cada etapa de criação dos doces, sendo inspiração para profissionais da área. Produz para eventos e aniversários, mas sua paixão, sem dúvida, são os casamentos – e ela se tornou uma referência na área.

Na busca por inovações e conhecimentos, atualiza-se com profissionais de grande renome, como Flavio Federico, Diego Lozano e Renata Penido. Desde o princípio, Marina prioriza a qualidade dos seus produtos e acredita que com os melhores ingredientes se fazem as melhores receitas. Sua missão é proporcionar momentos únicos e doces inconfundíveis para datas comemorativas.

Para saber mais sobre a autora:
@marinajumeschocolateria
www.marinajumeschocolateria.com.br

10

Aqui, neste espaço, quero conversar com você sobre a parte mais deliciosa do casamento (e não estou exagerando): os docinhos. São muitas possibilidades, cores, sabores, decorações e tipos. Mas o objetivo é um só: adoçar o momento mais especial do casal. Como uma *chocolatier* experiente, sei e já vi clientes que passaram por situações inusitadas na hora de escolher os doces para o planejamento matrimonial, e quero contar para você sobre algumas delas.

Imagine fazer a contratação de um produto perfeito e receber algo completamente fora daquilo que foi pago? Em geral, os noivos buscam doces que sejam, além de gostosos e frescos, visualmente bonitos para trazerem mais elegância à decoração. E, infelizmente, é comum vermos fornecedores produzirem a degustação dos doces com produtos de boa qualidade e, na hora do casamento, a entrega ser feita com produtos sem qualidade, com aparência disforme... Ou seja, algo diferente do que foi provado e apresentado anteriormente.

Infelizmente, essa situação é comum para muitos casais, e a frustração gerada é gigante. Em um primeiro momento, os noivos podem se sentir enganados. *Cadê aqueles doces que brilharam os nossos olhos e trouxeram ótimas sensações no dia da prova?* Eles se transformaram em pequenas bolinhas ou quadradinhos de ansiedade, com a aparência e o sabor totalmente diferentes, ficando aquém do desejado.

Outro ponto que observo, também, é o medo da falta de doces. As noivas e os noivos, em sua maioria (aproximadamente 90%), têm esse medo. Se você já foi em um casamento e chegou atrasado, é bem provável que tenha percebido que alguns docinhos não estão mais na mesa. Ou pior: a mesa de doces foi liberada e, quando você chegou, já não tinha mais nenhum para contar história. E sem reposição. Muito triste, não é?

Agora se projetarmos essa situação para o seu casamento, imagine só ouvir os convidados reclamando que não conseguiram comer os tão aguardados docinhos. Isso é muito mais comum do que imaginamos e acaba gerando comentários negativos e frustrações de todos os lados. Olhar para a quantidade de doces é um fator determinante, e o cálculo equivocado pode gerar um constrangimento para os noivos. Afinal, você não quer criar uma experiência negativa para os seus convidados, não é mesmo?

E sabe por que isso acontece? Falta de antecedência e de conhecimento necessário para planejar adequadamente essa etapa do casamento e falha na escolha do profissional, que geralmente é feita pelo preço e não pela qualidade.

Por ser uma das festas mais importantes que você está planejando na sua vida, e por não ter muitos conhecimentos nessa área, é natural que aconteçam erros e imprevistos. Entretanto, quero que você pense que não pode se sentir constrangido e envergonhado por não ter as informações necessárias. Conversaremos sobre elas daqui a pouco!

O barato que sai caro, por fim, pode ser uma economia que trará prejuízos maiores no futuro. Então, para evitar que esses problemas aconteçam, é necessário que o casal conheça bem o trabalho da empresa de doces ou entre em contato com clientes que já foram atendidos para coletar feedbacks. E o mais importante: exija um contrato de prestação de serviço para garantir segurança jurídica.

O objetivo é um só: adoçar o momento mais especial do casal.

Dito isso, os doces no casamento trazem uma sensação deliciosa e fazem parte da tradição e da alegria da celebração. Em um casamento dos sonhos, a mesa de doces e chocolates pode representar a doçura e a abundância na vida do casal. E os noivos, ao oferecerem uma mesa *farta* de doces, querem expressar a celebração e a felicidade compartilhada com os convidados.

Portanto, para não deixar que situações ruins e imprevistos aconteçam e estraguem o dia, preparei alguns temas fundamentais, com informações valiosas que precisam ser levadas em conta na hora de escolher o prestador que vai fornecer os docinhos para o seu casamento. Quero que essa etapa seja a mais leve e acolhedora possível, para que os noivos e os convidados se sintam especiais e retornem para casa com a boca adocicada e o coração quentinho.

Você encontrará a seguir a indicação fundamental para escolher adequadamente o profissional que cuidará dos docinhos do seu casamento, a partir de cinco pilares que são primordiais de serem observados antes de fechar o contrato. Vamos lá?

1. Escolha o melhor, não o mais barato

A maioria dos noivos que nos procuram chega por indicação. Ou foram a um casamento em que fizemos os doces ou chegam por indicação de amigos ou parentes que já provaram o nosso trabalho. Mas a verdade é uma só: o feedback positivo atrai mais clientes e por isso você deve coletar opiniões de quem já contratou o serviço dos prestadores da sua região. Sendo assim, como a mesa de doces é uma grande atração em um casamento, parece um pouco óbvio, mas não é para a maioria das pessoas: escolha o melhor, não o mais barato.

2. Opte pela harmonia e elegância

Além de levar em consideração a qualidade do prestador, quero que pense, também, em criar uma mesa harmônica e cheia de elegância. Esse espaço será o local mais cobiçado para a produção de fotografias, onde ficarão registrados os mais lindos momentos, então não tem por que escolher algo que não refletirá a personalidade do casamento, do casal e do momento de amor que estão compartilhando.

3. Fique de olho na quantidade

Não há um cálculo exato em relação à quantidade de doces, mas temos algumas sugestões que podem ajudar.

O prestador escolhido precisará, na primeira etapa, entender as necessidades dos noivos para atender às expectativas, colhendo informações como: número de convidados (adultos e crianças), pratos principais e entradas, bolo e sobremesas, horário da festa, valor a ser investido etc.

A sugestão, em geral, é de seis a oito doces por convidado, caso sejam servidos bolo de corte ou outras sobremesas. E de oito a dez doces caso sejam servidos apenas os doces de casamento. E, pensando nas crianças, são quatro doces por pessoa.

Além disso, o tempo de duração da festa importa. Se for uma festa que se estenderá até mais tarde, você precisará de uma quantidade maior de doces; já para uma festa que tenha uma duração menor, pode-se seguir a quantidade mínima.

Por fim, tenha em mente que a posição dos doces influencia a quantidade também. Docinhos ao lado da pista de dança costumam acabar mais rápido, então lembre-se disso quando for fechar a quantidade.

4. Considere o ambiente

Para mantermos um padrão de qualidade, é preciso alguns cuidados na hora de montar a mesa de doces do seu casamento.

Em ambientes externos, os doces devem estar protegidos dos raios do sol. Se a temperatura estiver até 22°C, não existem restrições quanto aos tipos, mas, se estiver acima disso, não recomendamos doces que sejam à base de chocolate. Já para ambientes internos, com a temperatura controlada por ar-condicionado, não há restrições.

5. Lembre-se: antes sobrar do que faltar

Por fim, quero falar sobre aquela velha máxima que trago para os noivos: "Antes sobrar do que faltar". Quando estiver considerando esses pontos, tenha isso em mente. Se sobrar, não há nada melhor do que reunir toda a família para comer juntos e relembrar a comemoração, não é?

Esses são os passos fundamentais que precisam ser observados e colocados em prática para que você não erre nos docinhos. Validamos e aplicamos esse método há quase dez anos e isso tem gerado feedbacks excelentes com nossos clientes e parceiros. E isso acontece porque todo trabalho é feito com base nas informações colhidas durante as reuniões, sempre visando atender às expectativas e proporcionando uma excelente experiência para os noivos e para os convidados.

Lembro-me de um jovem casal que nunca tinha planejado uma festa para mais de cem convidados. Eles acabaram contratando uma empresa de assessoria que não estava preparada para atender às suas expectativas e que ofereceu um número menor de doces do que o recomendado. Em outras palavras, foi a famosa contratação por preço e não por qualidade, tema sobre o qual falamos anteriormente.

Eles me conheceram por indicação de um casal de amigos, porém não queriam investir muito. Fizemos a reunião e entendi o atual momento deles. Percebi que estavam investindo demasiadamente em outras áreas e deixando a mesa de doces em segundo plano. Por sorte consegui conscientizá-los da importância de uma mesa bem decoradora, priorizando a qualidade e a quantidade de doces. Eles entenderam, assim, que cada detalhe do dia ficará eternizado na memória das pessoas. Com isso, os noivos decidiram presentear os convidados com – além de uma mesa de doces bem-feita – caixinhas de docinhos para que eles levassem para a casa e recordassem desse evento especial nos dias seguintes – a memória gustativa é uma das mais intensas.

Como de praxe, dias após o casamento entramos em contato com os noivos para saber se o que planejamos havia dado certo, e eles disseram que foi a melhor escolha que podiam ter feito, pois a lembrança do casamento perdurou nos dias seguintes após a festa e o retorno positivo foi enorme.

Os doces no casamento trazem uma sensação deliciosa e fazem parte da tradição e da alegria da celebração.

Com tudo isso, quero mostrar para você que entendo que pode ser difícil e existem muitas pessoas mal-intencionadas que não se importam de transformar o seu grande dia em um pesadelo. Mas, aplicando o método apresentado, você evitará todos os pontos de que falei anteriormente e também alguns extras, como doces derretidos e açucarados.

Com esse passo a passo, você investirá os seus recursos de maneira consciente, sem achismos. Então não contrate um fornecedor somente pelo preço, leve em consideração o seu histórico e peça informações para clientes de como foi o serviço prestado. Ah, e não aja por impulso! Faça quantas reuniões forem necessárias para tirar todas as suas dúvidas antes de qualquer decisão.

Você quer que os seus convidados tenham uma experiência única e satisfatória na sua festa de casamento, certo? E quer aproveitar ao máximo esse dia, certo? Então não deixe de cuidar desses pontos para proporcionar uma mesa de doces que permanecerá na memória de todos, investindo de maneira consciente e inteligente para ter um espaço exclusivo e com doces especiais.

Você pode – e deve – adoçar a sua vida e o seu casamento com o que há de melhor! Espero que dê tudo certo e que você tenha momentos muito felizes.

*Você pode –
e deve – adoçar
a sua vida e
o seu casamento
com o que há
de melhor!*

Gracieli Lima

Você merece estar linda!

11

GRACIELI LIMA é esposa, mãe, maquiadora, penteadista, empresária e sócia do grupo Barbearia do Vavá. Atua na área da beleza há mais de trinta anos e já conquistou vários prêmios, como capas de revistas especializadas em noivas. Também produziu diversos desfiles, realizando produções de noivas ao vivo, encantando aqueles que a assistiam.

Além disso, participou da produção de artistas renomados para lançamentos de novelas e teve a satisfação de instruir vários profissionais na área da beleza, orgulhando-se de compartilhar conhecimento para transformar vidas.

Tem como missão realçar a beleza da mulher, destacando a sua essência.

Para saber mais sobre a autora:
@gracielilimanoivas
@gracielilima7248

A ansiedade é uma inevitável companheira para muitas noivas que estão prestes a viver o grande dia do casamento. Como consequência, é muito comum vermos esse sentimento se transformando em estresse e insegurança.

Se temos, por um lado, a noiva preocupada para que tudo corra bem e que ela esteja linda e perfeita para viver o melhor momento da sua vida, não podemos deixar de observar que mãe, sogra, irmãs e madrinhas também vivem esse grande dia com apreensão. Se o atendimento de maquiagem e cabelo for em grupo, as chances de aumentar o estresse são ainda maiores. E isso acontece porque existe uma necessidade de aprovação com a noiva para que ela se sinta feliz com o resultado da maquiagem e do penteado de todas as mulheres que estão ali presentes.

Vejo também muitas noivas que levam referências visuais de maquiagens e penteados que admiram, mas nem sempre essas referências combinam com o seu biotipo, e isso pode acabar gerando frustração. Existe uma expectativa irreal em relação ao resultado final da aparência no dia do casamento, por isso algumas noivas criam ideais inatingíveis baseadas em imagens de beleza que não refletem suas próprias

11

características físicas. Outro medo recorrente que percebo entre as noivas é o de a maquiagem e o penteado não se manterem durante o período da cerimônia e da festa. Tudo isso, quando somado, pode levar à frustração e à perda de momentos especiais.

Sendo assim, quero começar este capítulo trazendo um ponto muito importante: a beleza de cada pessoa é única e é necessário considerar as características físicas individuais para que você possa estar em seu melhor momento!

É claro que é primordial que você leve referências ao profissional, entretanto não pode deixar de considerar que cada pessoa possui um biotipo e estilo, e essas características influenciam o resultado.

É muito importante que a ansiedade e a insegurança sejam trabalhadas e reduzidas antes do grande dia. O casamento envolve uma série de decisões importantes, e o diálogo entre o casal é fundamental nesse processo. Se a ansiedade e a insegurança ficarem fora de controle, podem tomar proporções gigantescas e prejudicar a experiência do casal, tanto durante os preparativos quanto no dia do evento.

Vivenciei isso em uma situação muito importante que gostaria de contar aqui. Era uma noiva que estava extremamente insegura e ainda tinha um perfil controlador – e não só com o que acontecia com ela mesma, mas também com todas as pessoas próximas. Sabe qual foi o resultado disso tudo? Esse comportamento impediu que ela desfrutasse da companhia de convidadas queridas durante os preparativos do casamento, tornando esse momento único uma experiência estressante.

Existe um versículo bíblico que acredito funcionar perfeitamente aqui: "Não andem ansiosos por coisa alguma, mas em tudo, pela oração e súplicas, e com ação de graças, apresentem seus pedidos a Deus" (Filipenses 4:6). Lembre-se de que Deus cuida de nós e olhará sempre para a nossa vida.

Para que você possa, portanto, aproveitar melhor esse dia tão especial, quero abordar aqui o planejamento e o diálogo. Converse com antecedência com o profissional escolhido, fale sobre suas referências, pergunte sobre tratamentos específicos de cabelo e pele que podem ser feitos, dependendo do resultado que você espera, e faça testes para avaliar o resultado. Vale reforçar, inclusive, que esse passo a passo é importantíssimo não só para a

O casamento envolve uma série de decisões importantes, e o diálogo entre o casal é fundamental nesse processo.

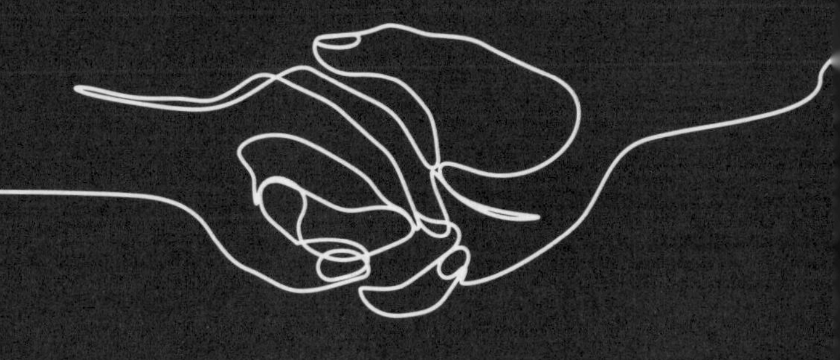

noiva, mas para mãe, madrinhas, sogra, irmãs e todas as mulheres que vão participar desse momento.

O objetivo da noiva é surpreender o noivo e os convidados. Mais do que isso, você caminhará para uma nova vida: "Por essa razão, o homem deixará pai e mãe e se unirá à sua mulher, e eles se tornarão uma só carne" (Gênesis 2:24). Preparei sete passos poderosos para que o seu grande dia seja ainda melhor. Vamos ver cada um deles?

1. Organize-se

Assim que a data do casamento for marcada, procure os profissionais com antecedência e escolha aqueles com os quais você se identifica e sente sintonia. Nunca é cedo demais para iniciar!

A sensibilidade e o contato próximo com os profissionais são fundamentais para lidar com adversidades que possam surgir. Então escolha pessoas com as quais se identifique para que exista sintonia, pois o contato no período da preparação é intenso.

2. Converse com os profissionais

Agende um horário para conversar com os profissionais que vão trabalhar em seu casamento. Explique suas expectativas, o que você espera para o grande dia e entenda o que é possível de ser alcançado. Fale também sobre o vestido, a decoração e outros detalhes importantes.

3. Escute o profissional

O profissional busca entregar o melhor resultado possível. Sendo assim, com base nas informações fornecidas, ele poderá traçar um perfil de personalidade e sugerir penteados e maquiagens que estejam em harmonia com o seu estilo. Além disso, lembre-se de que essa pessoa tem experiência e sabe quais são os produtos que manterão a sua maquiagem e o seu penteado impecáveis durante toda a cerimônia, então confie nela!

4. Cuide de si

Cuide de si mesma com antecedência, seguindo os procedimentos recomendados para cabelo e pele, pois eles influenciarão o resultado final.

5. Não se esqueça de que testes são importantes

Agende testes para penteado e maquiagem, tanto para você quanto para o grupo que a acompanhará. Isso ajudará a reduzir a ansiedade, proporcionando mais segurança e calmaria.

6. Tire dúvidas

Se surgirem inseguranças ou dúvidas, fale abertamente com o profissional. Ele está lá para ajudar e tranquilizar você.

7. Curta seu dia

A cerimônia de casamento é única e não volta mais. No grande dia, relaxe e confie no profissional escolhido. Você já se preparou e fez tudo o que era necessário. Aproveite a companhia das pessoas queridas, e lembre-se de que esse é o seu momento de festejar e criar memórias.

Além disso, se eu posso dar um último conselho em relação a isso, seria: convide para estar ao seu lado somente as pessoas mais próximas e que fazem você se sentir bem.

A escolha de um profissional sensível e que olhará para as suas necessidades é importantíssima. É uma ocasião recheada de muitas emoções, podendo ser necessário retoques de maquiagem e penteado. Entretanto, quando o profissional sabe o que foi previamente conversado, consegue auxiliar nessa situação. Ter um profissional sensível e empático nessa hora faz toda a diferença, porque é alguém que acolherá a noiva, sem julgamentos ou estresses desnecessários.

E essa é a importância de ter ao seu lado alguém em quem você confia. O grande dia do casamento provoca em nós emoções que são difíceis de controlar, então precisamos estar bem-acompanhadas.

Estamos caminhando para o fechamento deste capítulo e quero reforçar a necessidade de planejamento. Não pegue apenas indicações. Converse, sinta

Convide para estar ao seu lado somente as pessoas mais próximas e que fazem você se sentir bem.

e siga a sua intuição também. Conheça os profissionais, troque ideias com eles, veja os trabalhos, o espaço de atendimento, avalie tudo o que considerar importante. Não economize quando o assunto é a realização de um sonho.

Vale a pena ter todos esses cuidados para aproveitar ao máximo esse momento único e que será lembrado para sempre. Ao se planejar e buscar os profissionais que combinam com o seu estilo, que transmitam confiança, você reduzirá os riscos, evitará estresse e ficará muito mais segura para o dia tão esperado.

Desejo que a sua jornada em direção ao início da vida a dois seja linda. Nessa nova fase, vocês se conhecerão ainda mais e viverão uma nova prova de amor. E vão perceber, acima de tudo, que se casaram não apenas para serem felizes, mas sim para fazer o outro feliz. Esse é o segredo!

Nessa nova fase, vocês se conhecerão ainda mais e viverão uma nova prova de amor. E vão perceber, acima de tudo, que se casaram não apenas para serem felizes, mas sim para fazer o outro feliz. Esse é o segredo!

Amanda S. Rangel

O poder da cerimônia que emociona

12

AMANDA S. RANGEL é casada com Rafael Rangel, pastora, ministradora oficial de casamentos, empresária, psicóloga, grafóloga, master coach, especialista em perfil comportamental e palestrante. Formada em Gestão Financeira, Gestão de Recursos Humanos e Psicologia, pós-graduada em Grafologia e Neuroescrita, com MBA em Gestão em Controladoria, Finanças e Auditoria pela Fundação Getúlio Vargas (FGV). É sócia-diretora da Evolution Consultoria & Treinamentos Ltda.

Participou como coautora do livro best-seller *Seja (im)perfeito: assuma o poder de construir o seu futuro e tenha resultados em todas as áreas da vida*, publicado pela Editora Gente em outubro de 2022.

Para saber mais sobre a autora:
@amandasrangeloficial
@amandasrangeloficial
amandasrangeloficial

12

Alguns meses atrás, saí para jantar com um casal de amigos e conversamos sobre a nossa cerimônia de casamento – a minha e a deles. Contei um pouco sobre o celebrante que fez o meu casamento, sobre a palavra que ele ministrou, sobre como foi emocionante para nós e para os convidados. Diversas pessoas se emocionaram, vieram nos falar depois que a cerimônia havia sido não apenas muito bonita, mas que também estava muito alinhada com o que eu e o Rafa, meu marido, gostamos e nos identificamos.

Nesse papo, percebi que o casal ficou surpreso e levemente desapontado com o que eu estava contando. Quando perguntei o motivo, percebi que a cerimônia deles havia sido diferente, o discurso foi demorado e sem lógica. No fim das contas, eles nem se lembram de nenhuma palavra, mas ainda sentem a dor de não terem escolhido o melhor celebrante. Relataram, ainda, que é extremamente frustrante pensar que não poderão reviver o casamento. O que passou, passou.

Você já parou para pensar que o celebrante tem um papel fundamental na percepção que você, seu parceiro ou parceira e seus convidados terão desse dia tão especial?

E que um celebrante ruim, que não se conecta bem com os seus valores, personalidades e escolhas, pode desandar e frustrar tudo o que você está construindo? Caso nunca tenha pensado nisso, vamos conversar sobre o assunto agora?

Durante o planejamento do casamento, infelizmente não é incomum que os noivos enfrentem alguns problemas com o celebrante, como falta de comunicação, diferenças religiosas ou culturais que influenciam os princípios e valores, falta de empatia do celebrante, problemas de disponibilidade de agenda, atrasos, discurso demorado ou inadequado, falta de preparação, o celebrante não conhecer a história do casal e fazer desse momento algo frio e sem sentido. A lista de problemas é enorme...

Já ouvi relatos diversos de noivos que, no dia do casamento, sentiram que o celebrante estragou a cerimônia. Outros disseram que ele demorou muito no discurso e isso fez com que a festa durasse menos, pois tinham prazo para entregar o salão. Alguns disseram que os padrinhos e as madrinhas ficaram em pé exaustos durante a cerimônia inteira. Já ouvi também relatos sobre tanta demora no discurso que fez até o pajem dormir, e já presenciei noiva chorando porque o celebrante foi bem frio e fez piadas durante a cerimônia.

Falta de cuidado com as alianças, confusão com as músicas, com o tempo ou até mesmo com o encerramento do casamento – essas são apenas algumas das dores que o casal vive ao não ter escolhido melhor o celebrante. É possível também que o casal fique perdido com os votos, e o celebrante é fundamental nessa hora. Afinal, é ele quem conduz esse momento com os noivos.

Essa quebra de expectativa entre o que é esperado e o que é recebido gera estresse e ansiedade. Isso sem contar que essa ocasião ficará guardada para sempre, tanto na memória do casal como na dos convidados. E acredite: conheço casos de familiares que tiram sarro mesmo depois de anos da celebração (não que essa atitude seja justa ou correta, é claro). A raiva e a tristeza ficam quando o casal se recorda da cerimônia, alguns até choram quando contam sobre como o seu dia especial não saiu como planejado.

Essa ocasião ficará guardada para sempre, tanto na memória do casal como na dos convidados.

E sabe por quê? Porque a sensação é de perda. Por ter sonhado com algo que não pode ser recuperado. É claro que nem sempre é assim, até porque cada casal reage de uma maneira em relação à situação, mas o fato é que não temos como negar que pensar sobre o celebrante é um passo fundamental.

Existem várias razões pelas quais as pessoas podem ter dificuldade em escolher um celebrante de casamento. Algumas delas são:

Ter muitas opções

A diversidade de opções é um dos grandes fatores. Existem muitos celebrantes de casamento disponíveis, cada um com o próprio estilo, personalidade e abordagem. Essa ampla variedade pode tornar a escolha mais difícil, pois você pode sentir sobrecarga ao tentar encontrar o celebrante perfeito.

Não saber que era tão caro

O custo dos serviços do celebrante de casamento também pode ser um fator importante na escolha. Alguns casais têm dificuldade em encontrar um celebrante que se encaixe no orçamento, especialmente se tiverem um plano de casamento restrito financeiramente.

"Ah, eu quero o mais popular"

Celebrantes populares podem ter agendas lotadas, especialmente durante as estações de casamento mais movimentadas. E essa escolha pode ser um desafio, especialmente se o casal tiver uma data específica em mente ou um prazo curto para planejar o casamento. Na primavera, outubro é o mês preferido, pois os dias não são tão quentes e garantem que os arranjos fiquem exuberantes até o fim da festa. No verão, janeiro se torna perfeito, com os dias mais longos, o que deixará a cerimônia no fim da tarde emoldurada por um lindo pôr do sol. No outono, maio é o mês mais escolhido para a troca das alianças, pois o clima levemente frio que entra ao entardecer é ideal para casar-se em muitas cidades que, no verão, são excessivamente quentes. Já no inverno, temos julho que oferece dias ensolarados e secos, deixando o contexto ainda mais romântico.

Parecem fatores simples, mas olhar para eles faz toda diferença. Por isso, é importante que você esteja alinhado com as próprias preferências e expectativas em relação a um celebrante de casamento. Entre elas, você pode pensar sobre: estilo de cerimônia, tom de fala, abordagem religiosa ou não, entre outros aspectos. Se as informações pessoais específicas não forem compartilhadas com o celebrante de maneira clara, pode ser difícil encontrar alguém que atenda às suas expectativas.

Pesquisa e investigação são úteis e avaliações são bem-vindas, então olhe para a disponibilidade de profissionais e conheça o estilo e a abordagem de cada um antes de mais nada. É preciso dedicar tempo para pesquisar e coletar informações apuradas sobre os celebrantes disponíveis. Caso você não faça isso, a tomada de decisão com certeza será mais complexa.

Então vamos ao que interessa! Você merece uma cerimônia única, emocionante e personalizada. E muito mais: ela precisa apresentar o amor de vocês de modo autêntico e inesquecível. Não aceite nada menos do que isso!

Quero que você saiba que o celebrante precisa ser comprometido, empático e dedicado a tornar a sua cerimônia de casamento um momento verdadeiramente inesquecível. Ele precisa compreender e trabalhar em parceria para criar uma cerimônia personalizada que reflita a história de amor do casal e também os valores de ambos. Para isso, é necessário escuta ativa, preocupação com preferências e desejos e abertura para possíveis adaptações no meio do caminho. Em outras palavras, o celebrante precisa traduzir a visão dos noivos em palavras e rituais significativos em todos os momentos, mas, principalmente, nos votos e na entrega das alianças.

Ele precisa ser apaixonado por seu trabalho. Precisa sentir uma alegria verdadeira em celebrar o amor do próximo e deve transmitir essa paixão durante a cerimônia. Tem que criar uma conexão emocional com o casal e com os convidados, gerando um momento de energia positiva.

E para que você possa escolher o seu celebrante do modo correto, quero propor oito passos fundamentais. Vamos falar sobre cada um deles a partir de agora.

Passo 1: Pesquisa e entrevistas

Realize uma pesquisa detalhada sobre os celebrantes disponíveis na sua região. Leia biografias, avaliações e recomendações de casais anteriores. Agende entrevistas com os celebrantes selecionados para conhecer melhor a personalidade, o estilo e a abordagem de cada um.

Passo 2: Alinhamento de valores e estilo

Certifique-se de que o celebrante compartilha dos mesmos valores e tem um estilo que se adequa ao que vocês desejam para a cerimônia. Discuta as suas preferências, como cerimônias simbólicas, por exemplo: os noivos despejam areias coloridas de cores diferentes em um recipiente para simbolizar a união de duas vidas em uma só ou tomam um gole de vinho ou bebida especial de uma taça compartilhada, simbolizando a disposição para compartilhar tudo na vida. Essa escolha de rituais ou tradições especiais que gostariam de incluir é importante, então veja se o celebrante está aberto a adaptar a cerimônia de acordo com os seus desejos.

Passo 3: Conexão emocional

É importante sentir uma conexão emocional com o celebrante, já que ele será a pessoa que conduzirá um momento tão significativo. Preste atenção em como vocês se sentem ao conversar com ele, se ele demonstra empatia, compreensão e interesse genuíno na história do casal.

Passo 4: Experiência e profissionalismo

Verifique a experiência do celebrante em conduzir casamentos. Pergunte sobre o número de cerimônias que já conduziu, seu conhecimento dos procedimentos legais e peça referências ou depoimentos de casais anteriores, para garantir que ele seja profissional, experiente e confiável.

Passo 5: Cerimônia personalizada

Busque um celebrante que esteja disposto a trabalhar com vocês para criar uma cerimônia personalizada e única. Ele deve ser receptivo a ideias, desejos e gostos, além de ter habilidade para incorporar elementos significativos que reflitam os valores e a trajetória que levou os noivos até ali.

Passo 6: Química e confiança

Confie em sua intuição e na química que vocês sentem com o celebrante. Vocês precisam estar à vontade para compartilhar sentimentos, desejos e expectativas, enquanto ele precisa ter a capacidade de criar uma cerimônia especial e memorável.

Passo 7: Votos e alianças

Caso estejam com dificuldades de elaborar ou melhorar os seus votos, conte com o celebrante para ajudar e ajustar. Não se esqueça de que o celebrante tem experiência e vai auxiliar nos votos-padrão durante a cerimônia, como a troca das alianças, as declarações um ao outro e o beijo final. Tudo será conduzido por ele, então não hesite em pedir ajuda.

Passo 8: Checklist final

Para fecharmos, quero deixar alguns elementos que você pode colocar em sua checklist para esse momento. São eles:

- [ ] Cerimônia tradicional ou religiosa;
- [ ] Contemporânea, inovadora ou com costumes tradicionais;
- [ ] Definição do horário de chegada do celebrante;
- [ ] Alinhamento do discurso que será feito;
- [ ] Expectativas, preferências e preocupações precisam ser ditas;
- [ ] Caso a cerimônia seja religiosa, definição da palavra ministrada;
- [ ] Taxas e contratos, se inclui despesas de deslocamento e alimentação;
- [ ] Reserva antecipada da data.

Na busca pelo celebrante perfeito para o seu casamento, dedique um tempo para aplicar o passo a passo. Pesquise e priorize quem compartilha seus valores, demonstra empatia e está disposto a criar uma cerimônia personalizada. Lembre-se de que a conexão emocional e a confiança são fundamentais.

Para seguirmos em direção ao fechamento do capítulo, quero contar algo que aconteceu em meu trabalho como celebrante.

Faltando dois meses para o casamento, um casal fez uma reunião com o celebrante e percebeu que eles não se conectavam. Segundo eles, era nítido que essa pessoa só queria dinheiro e não estava preocupada com os elementos que vimos anteriormente. Quando me sentei para conversar com o casal, expliquei sobre o passo a passo, falei da importância e do amor que esse momento significa para mim, mencionei as dores que tive na minha procura e fiz uma proposta de transformarmos um simples texto em algo personalizado e significativo. Coloquei-me à disposição para trabalharmos colaborativamente, procurando elementos que transmitissem a história de amor, os valores e as preferências que eles tinham.

Sabe o que isso significa? Que tive a empatia de compreender os noivos emocionalmente e me conectar com eles. E assim eles sentiram que poderiam confiar em mim e ficar tranquilos. Tudo correu bem e o casamento chegou. Foi um momento lindo, muito especial e algo que marcou a memória de todos.

Após a cerimônia, os noivos e os convidados falaram que a cerimônia foi memorável e emocionante. Uma combinação de personalização, conexão emocional e energia positiva. E essa é a experiência que quero que você tenha! Algo único e especial que acontece como resultado de quem escolhe corretamente a pessoa que falará para todos. Por isso, não deixe de procurar alguém que faça vocês se sentirem confortáveis, em quem possam confiar para tornar o dia especial e inesquecível.

Não tenha medo de fazer perguntas e buscar referências. Verifique se essa pessoa compartilha os mesmos valores que vocês, seja em relação ao casamento, ao amor, à espiritualidade ou a qualquer outra crença importante. É essencial que se sintam confortáveis e alinhados nesse aspecto.

Fale sobre flexibilidade em relação à personalização da cerimônia. Pergunte se o profissional está aberto a incorporar tradições culturais, rituais simbólicos ou qualquer outra solicitação especial que vocês tenham. Avalie a capacidade dele de criar uma conexão emocional com vocês e seus convidados. Busque uma pessoa que transmita empatia, compreensão e entusiasmo genuínos, que seja capaz de cativar e emocionar. Certifique-se de que ela seja confiável, organizada e profissional.

Por fim, confie em sua intuição ao tomar a decisão final. Pergunte-se se vocês sentem uma conexão especial com o celebrante, se confiam nele para criar uma cerimônia que refletirá a sua história de amor. A escolha certa fará toda a diferença na experiência e nas recordações do seu casamento, acredite.

Quero que se lembre de que esse é um momento mágico na vida do casal. E é importante que ambos estejam abertos a se inspirarem e se motivarem durante todo o processo do casamento. Valorizem cada detalhe e aproveitem cada etapa, desde

A escolha certa fará toda a diferença na experiência e nas recordações do seu casamento.

a escolha do celebrante até a criação da cerimônia dos seus sonhos. Saibam que vocês têm o poder de tornar esse evento verdadeiramente especial e único. Por isso, deem o melhor de si e sigam seus corações.

Para fecharmos, deixei a seguir uma playlist de músicas para a cerimônia, um presente que preparei para ajudar você a ter mais opções. São músicas que ajudam a criar momentos inesquecíveis e lindos. Para acessar, você precisa ir até o aplicativo Spotify, clicar no ícone de busca e na câmera para ler o código abaixo. Caso não consiga, basta acessar o link que deixei a seguir.

open.spotify.com/playlist/4nxpxfDfhe9eR29jLcxGNp?si=6c5cb03fa2b34803

Em meu casamento, a palavra ministrada foi: "Se alguém prevalecer contra um, os dois lhe resistirão; e o cordão de três dobras não se rompe com facilidade." (Eclesiastes 4:12)

O amor é a força que os une e por meio dessa celebração vocês vão compartilhar esse sentimento com o mundo. Então que seja uma jornada repleta de alegria, conexão e memórias inesquecíveis, porque vocês merecem um casamento que seja verdadeiramente mágico. Aproveitem cada momento e celebrem o início de uma vida juntos!

Não deixe de procurar alguém que faça vocês se sentirem confortáveis, em quem possam confiar para tornar o dia especial e inesquecível.

Gláucia Gomes

Mente realizada, casamento perfeito

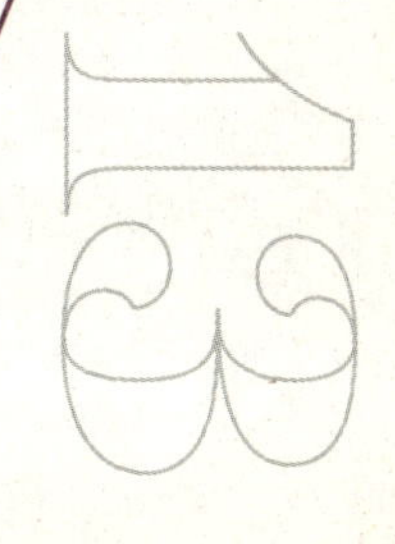

GLÁUCIA GOMES é empresária na área do desenvolvimento humano, dedicada a capacitar pessoas para a autotransformação pessoal consciente em direção à realização plena, de modo simples e eficiente. Formada em Tecnologia da Informação pelo Instituto Tecnológico de Aeronáutica (ITA), com especialização em Administração Industrial pela Universidade de São Paulo (USP), Gestão de Pessoas pela Fundação Getulio Vargas (FGV) e Fundação Dom Cabral. Gerenciou times e projetos de alta complexidade na indústria financeira por trinta e um anos e, buscando encontrar uma forma eficiente de equilibrar as emoções e o estresse da profissão, em paralelo, dedicou-se ao desenvolvimento humano por catorze anos, passando pelas formações em Psicanálise, Coaching, Regressão de Memórias, HQI, PRM coach e Física Quântica, até desenvolver o método RealizadaMENTE. Participou como coautora do livro best-seller *Seja (im)perfeito: assuma o poder de construir o seu futuro e tenha resultados em todas as áreas da vida*, publicado pela Editora Gente em outubro de 2022.

Para saber mais sobre a autora:
@capacitacaopessoaloficial
@capacitacaopessoal
www.capacitacaopessoal.com.br

Quero começar o nosso momento aqui, neste capítulo, parabenizando o casal por ter falado “sim” um para o outro. E como essa jornada deve ser leve, agradável e construtiva, quero ajudar você a passar por tudo isso muito mais feliz e com a mente realizada.

É possível que você esteja com medo, sentindo ansiedade ou até mesmo insegurança em relação aos próximos passos, então eu quero garantir que essa percepção pode ser modificada. Essas sensações aparecem porque a nossa mente fica ansiosa por não conhecer uma nova jornada ou por ter medo e insegurança porque já ouviu falar de histórias que não foram tão bem-sucedidas.

Todas as vezes que vamos fazer algo novo, a nossa mente dá uma “bugada”, ou, em outras palavras, ela apresenta certa “falha” no funcionamento automático. Por ser um caminho completamente inédito, ela não está programada para realizar com sucesso esse novo empreendimento. E isso acontece porque funcionamos a partir de modelos mentais, isto é, a modelagem de uma experiência que carrega consigo crenças, emoções e sensações.

13

Em resumo, se para você o casamento é algo alegre, festivo e agradável, esse é o modelo mental vigente e será natural construir essa experiência na sua vida. Porém, se você ou o seu amor entrar nessa fase achando que vai ter muito trabalho, que vai ser estressante e desgastante, com medo de que as coisas deem errado... esse será o programa vigente e vocês vão construir de modo inconsciente todo o cenário para protagonizar essa história. Assustador, não é? Mas tenha calma! Saiba que é possível transformar qualquer modelo mental, a fim de que possam fazer dessa jornada um caminho construtivo, de comunhão e fortalecimento dos laços afetivos, em vez de um espaço de conflitos e distanciamento.

Por carregarmos informações ancestrais familiares e culturais, os modelos mentais regem os nossos comportamentos e a nossa relação com as pessoas, sendo que a maior parte dos processos mentais acontece no nível inconsciente, onde não temos acesso.[2] Muitas vezes, portanto, nos comportamos reagindo a estímulos dos quais nem nos damos conta, mas percebemos que algo não está bem por conta de nossas sensações. Sabe aquele momento que você reage mal e se sente culpado, inseguro ou ameaçado quando algo inesperado acontece? É exatamente sobre isso que estamos falando.

Considerando que nossas sensações são a parte mais relevante na fórmula para construir a nossa realidade, e é ela que gera a maior vibração emocional, dediquei-me a desvendar como fazer o ajuste no corpo emocional da sensação e direcionar o corpo mental por meio dos pensamentos, para que assim possamos agir de maneira alinhada, dirigindo o próprio veículo chamado mente em direção ao que queremos realizar. Então, se ativamos a sensação de ansiedade, precisamos fazer o ajuste logo que possível para não atrair mais situações que potencializem esse sentimento negativo.

Pensando na situação do casamento, imagine só se você, no dia mais sonhado de sua vida, sentir insegurança, nervosismo ou estresse? Muito ruim, não é? Exatamente por isso vamos trabalhar para que você vivencie um cenário oposto a esse. Mas, antes, quero contar sobre o que realmente compõe as nossas experiências de vida.

Nós, seres humanos, possuímos sete corpos dimensionais acoplados, que funcionam integrados (corpo físico, emocional, mental, astral, energético,

2 FREUD, S. **A interpretação dos sonhos**. São Paulo: L&PM, 2016.

essencial e espiritual), e a nossa consciência é o grande maestro de todos esses corpos. Nossas sensações são resultado das percepções que temos sobre determinadas situações, nas quais colocamos a nossa interpretação e atribuímos um significado, com base em experiência de vida, própria ou coletiva. Por isso, muitas vezes, somos tomados por um medo inconsciente do qual nem mesmo sabemos a origem, mas ele está lá, no nosso mundo interno, vibrando sobre nós.

O medo, segundo David Hawkins em seu livro *Poder vs. força*,[3] está classificado no nível 100 de energia em uma escala logarítmica que vai de 20 a 1.000. É, portanto, um nível energético fraco, e por isso quem vivencia o medo se sente vítima das situações, refém de pessoas e paralisado frente aos desafios. A ansiedade está ligada ao medo, que é o medo do futuro desconhecido, e tudo isso provoca uma reação fisiológica de estresse, pois o medo ativa a produção de adrenalina pelas glândulas adrenais para fugir da situação de perigo. E todo esse desequilíbrio gera tensão muscular, atitudes impulsivas e desequilibradas que trazem consequências para os relacionamentos e para a boa convivência. Creio que não é nessa linha que você quer construir o dia mais sonhado de sua vida, não é mesmo?

Além disso, o medo é um mecanismo de manipulação e controle, muito conhecido e utilizado por dominadores que buscam os próprios interesses. Por meio do medo, as pessoas fazem coisas que não fariam em sã consciência ou compram coisas que não comprariam se estivessem em um estado de equilíbrio e satisfação.

Vivemos em um mundo contaminado pelo medo, que é lançado por todas as plataformas de comunicação, e assim as pessoas em geral funcionam reagindo a esses comandos que alimentam as grandes indústrias de bens de consumo. E seguem buscando satisfazer as necessidades aparentes, sem nunca preencher a alma, que é a essência do divino em nós mesmos.

Por isso é importante entender que, tanto nós como os outros, estamos operando nesse condicionamento mental de modo automático. E só conseguimos sair desse círculo incessante quando temos consciência dessa dinâmica e escolhemos fazer uma jornada diferente, mais conectada ao

3 HAWKINS, D. **Poder vs. força**: uma anatomia da consciência humana. São Paulo: Pandora, 2018.

divino em nós, a nossa essência de alma. E assim poderemos vivenciar a alegria, a satisfação e plena realização.

Para que você possa se livrar dessa situação e viver plenamente o grande dia, é necessário definir com clareza o momento da celebração que você, em essência, quer experienciar com o seu grande amor, antes mesmo de compartilhar com familiares e amigos ou sair buscando informações no mundo externo.

Separe um tempo e sinta dentro de você como gostaria de celebrar este momento, compartilhe com seu parceiro ou parceira para que juntos possam escolher o que é essencial para o casal. Em nossa cultura, temos muita interferência familiar nas escolhas, em algumas famílias mais do que em outras. Não é por mal, mas os pais acham que os filhos não sabem o que é bom para eles ou querem reparar por meio dos filhos o que não puderam vivenciar. O importante é que o casal tenha o entendimento de que se não houver a clareza de *como* deseja celebrar esse momento, poderá ter muitas interferências de familiares (ou até mesmo de amigos) – e isso, em último caso, pode até gerar conflitos entre os noivos.

Meu direcionamento aqui é que o casal defina com quem vai compartilhar esse momento de escolhas e preparação e quais serão os critérios para tomar a decisão em caso de divergência de opinião. Antecipar-se aos problemas com possíveis soluções é tudo de bom!

Para construir uma realidade material desejada, nós precisamos partir da origem, que é imaterial, através de nossos corpos espiritual, essencial, mental, emocional e energético. Para isso, precisamos fazer com que todos eles estejam alinhados no mesmo propósito. Muitas pessoas não conseguem realizar o que desejam porque se mantêm nas emoções de baixo nível de energia, e isso desequilibra todos os demais corpos e faz com que o indivíduo se mantenha em pensamentos negativos, se sinta cansado e sem motivação.

Separe um tempo e sinta dentro de você como gostaria de celebrar este momento.

Então, para que você coloque suas ações em prática a partir de agora, vou compartilhar três práticas do método RealizadaMENTE, de autoria própria, que vão ajustar o seu corpo energético e permitir que o campo mental seja alinhado em direção àquilo que deseja.

Prática 1: Equilíbrio energético

O que fazer: você deve ler a frase abaixo diariamente no início do dia e, adicionalmente, ao longo do dia, caso sinta cansaço e falta de energia.

"Espírito do Criador que habita em mim, ativando a entrada e saída do meu inconsciente. Espírito do Criador que habita em mim, ativando agora todos os centros de energia em meu ser, em perfeito equilíbrio."

Prática 2: Realidade projetada

Sente-se em um local tranquilo e faça três respirações lentas e profundas, levando o ar até o abdome e inflando-o com o ar inspirado. Imagine-se no local em que deseja realizar a sua celebração, dê cor ao cenário, adicione flores, música e se imagine neste momento com a pessoa com quem quer compartilhar essa cena. Conversando, abraçando ou até mesmo dançando, vivenciando o incrível estado da felicidade. É importante que se transporte para essa experiência e se deixe levar pela sensação. Pode adicionar mais detalhes e, depois de um tempo sentindo essa emoção, retorne lentamente ao aqui e agora. Repita essa prática até ter a confiança e a certeza interna de que tudo está feito e já está no campo de sua realidade imaterial. É como uma grávida, que ainda não vê o embrião, mas *sabe* que ele está lá, é só uma questão de tempo para que ele chegue aos seus braços, ao seu mundo externo.

Pratique por 21 dias ou mais, caso necessário.

Prática 3: Equilíbrio das polaridades

Esta prática permite ajustar o estado de consciência, desativando sensações enfraquecedoras e ativando as fortalecedoras. Imagine que você está com medo de algo dar errado e então busca sentir o contrário. A polaridade oposta é a confiança e, para isso, é preciso restabelecer o equilíbrio entre as polaridades para que possa fazer a escolha consciente.

Pode ser feito para qualquer emoção ou sensação como: insegurança--autoconfiança, tristeza-alegria, conflito-harmonia e assim por diante. Veja as frases a seguir e pratique.

1. "Espírito do Criador que habita em mim, eu estou em harmonia com os *medos*, em todos os universos, em todas as dimensões, sob todas as formas, em todas as situações, com todos os seres, com todas as pessoas, em todos os espaços, em todos os tempos desde a minha origem."
2. "Espírito do Criador que habita em mim, eu estou em harmonia com a *confiança*, em todos os universos, em todas as dimensões, sob todas as formas, em todas as situações, com todos os seres, com todas as pessoas, em todos os espaços, em todos os tempos desde a minha origem."
3. "Espírito do Criador que habita em mim, eu escolho a *confiança* para a minha vida."

Iniciei minha jornada de formações em Desenvolvimento Humano em 2009, enquanto ainda trabalhava na área de tecnologia. Fiz algumas tentativas de sair do mundo corporativo para me dedicar a esse universo, mas as coisas simplesmente não aconteciam. Em 2020, estava exausta, acumulei perda de pessoas importantes na minha vida e me vi sem sentido para continuar. Foi nesse momento que fui apresentada a mais um método terapêutico, agora com uma abordagem energética associada aos modelos mentais do inconsciente.

Tive resultados profundos e entendi que essa formação complementava vários conhecimentos, e que me permitiria chegar ao que sempre sonhei: um método eficiente de autotransformação pessoal consciente em direção à realização plena, que é o método RealizadaMENTE. Em 2021, criei o treinamento Realização de Metas, que confirmou a eficácia dos resultados em alunos e, nessa data, defini uma meta alta sobre o número de pessoas a que eu quero levar essa transformação, no Brasil e no mundo. Assim, surgiu a oportunidade de escrever um livro.

Eu nunca imaginei a possibilidade de escrever um livro, ainda mais com a Editora Gente. Em maio de 2022, veio a proposta da obra coletiva *Seja (im)perfeito* e, por não ter referências de escritores na minha vida, surgiram inúmeras sensações enfraquecedoras no início desse desafio. Porém, como sou uma praticante do que ensino, criei na tela mental a cena da meta realizada: eu *conquistando* o título de autora best-seller e autografando os livros.

Imagine só isso: eu nunca havia pensado sobre escrever um livro e muito menos ser uma autora best-seller. E quando entrei nesse desafio, veio a insegurança, a desordem mental e a falta de foco. Eu transformei isso aplicando o equilíbrio das polaridades e estabelecendo a minha escolha consciente daquilo que eu queria manifestar na minha vida.

Em setembro de 2022 iniciou-se a pré-venda dos livros e, em outubro de 2022, lá estávamos nós lançando o livro *Seja (im)perfeito* na Livraria Drummond, em São Paulo, em uma festa incrível. Uma surpresa ainda maior: nesse dia já recebemos o quadro do prêmio de autor best-seller. Esse é o poder da nossa manifestação e realização!

Busquei durante oito anos fazer a transição de carreira e sempre que as coisas estavam próximas de acontecer eu passava por um processo de autossabotagem. Tentava avançar, mas meu inconsciente encontrava uma forma de me bloquear por meio de doença ou acidente. Segui avançando nas minhas práticas e busquei aprofundar os meus conhecimentos. Outros métodos apareciam, mas eu só queria encontrar um método mais simples e eficiente que pudesse desligar todo esse mecanismo de autossabotagem inconsciente, a fim de que eu pudesse avançar na área do desenvolvimento humano que tanto amo. Enfim, parece que as coisas seguiram o rumo que tinha que ser.

Por não encontrar o método simples e eficiente que eu tanto desejei, acabei desenvolvendo um próprio. Foi por necessidade, pois eu já estava cansada das somatizações de doenças e acidentes, então entendi, finalmente, que somos nós mesmos os construtores daquilo que desejamos e sonhamos. Mesmo que essa realidade ainda não exista.

Espero, então, que você faça um bom uso dessas práticas que parecem tão simples, mas que têm um grande poder de transformar a manifestação da realidade. A eficiência do método foi comprovada pelos resultados pessoais, de atendimentos e de alunos. O método RealizadaMENTE é fundamentado na integração harmoniosa dos princípios espirituais, da física quântica e de linhas de conhecimento como Psicanálise, Coaching, Reiki, Escola de Alquimia Empresarial, Terapia de Regressão, Homeostase Quântica Informacional e PRM Coach.

Somos nós mesmos os construtores daquilo que desejamos e sonhamos.

Para finalizar o capítulo, quero reforçar que David Hawkins deixa claro que as emoções com o maior nível de energia são a alegria, o amor e a paz. Portanto, tudo o que você fizer colocando esses sentimentos em foco será construído com facilidade. Por outro lado, se utilizar as emoções de baixo nível energético, como o medo, a preocupação e a insegurança, é como se acrescentasse um ingrediente tóxico na fórmula da sua realização, desintegrando e impossibilitando a realização. Sugiro, assim, uma prática adicional, que é a da meta realizada, em que você projetará na sua mente, com as melhores emoções, o momento do casamento, em que você estará celebrando por tudo ter dado certo.

Para isso, escolha uma música alegre, um lugar tranquilo, sente-se ou permaneça de pé, e faça três respirações tranquilas e profundas ao se imaginar nesse momento tão perfeito. Imagine-se curtindo a festa, feliz porque tudo deu certo. Repita essa prática até que você sinta que isso é real em sua vida.

Você merece ter o melhor dia de casamento e espero que coloque tudo o que aprendeu em prática hoje mesmo!

As emoções com o maior nível de energia são a alegria, o amor e a paz. Portanto, tudo o que você fizer colocando esses sentimentos em foco será construído com facilidade.

Luciano Moura Martins

12

Lua de mel: um momento inesquecível

LUCIANO MOURA MARTINS é formado em Publicidade e Propaganda e atuou durante anos como responsável pelo marketing da JAMEF, uma das maiores empresas de logística no Brasil.

Ainda com a carreira em ascensão, optou por expandir seus horizontes e foi morar em Londres e Paris. Na volta, trouxe na bagagem experiências que o ajudaram a arquitetar um sonho antigo: trabalhar com eventos, criando um espaço em que ocasiões importantes são realmente especiais, e não apenas mais um negócio.

Assim surgiu a Casa Petra, em 2005, empresa na qual é CEO e se tornou uma referência no mercado de luxo do país. Paralelamente, desde 2012, Luciano é diretor criativo e cenográfico da 1-18 Project, onde cria e desenvolve projetos de decoração a nível mundial. Em 2016, criou a Perfectrip, uma agência focada em experiências e consultoria de viagens de luxo. Os roteiros desenvolvidos com base nos diferentes estilos de viagem e destinos exclusivos proporcionam experiências deslumbrantes e de alto padrão.

Para saber mais sobre o autor:
@Perfectrip
@lucianomouramartins
@casapetra
@1_18project

Como especialista em agência de viagens de luxo, percebo que muitos noivos e noivas, durante a fase de planejamento do casamento, enfrentam desafios enormes em relação à organização de um momento muito especial que faz parte deste acontecimento: a lua de mel. Quero que você pause um pouco a leitura e faça uma reflexão: é bem possível que neste exato momento você esteja se perguntando quais são as possibilidades para a sua viagem. Mais provável ainda que já tenha escolhido um destino e ele seja muito conhecido e explorado por casais que já passaram por essa experiência. Será que essa é mesmo a melhor possibilidade para uma comemoração tão especial?

Em minha percepção, como alguém que trabalha há anos nesse mercado, vejo que falta muito conhecimento especializado para auxiliar casais. O mercado de viagens de lua de mel é vasto e complexo, entretanto nem todos os noivos possuem as informações necessárias para tomar decisões adequadas. São muitas dificuldades em identificar os destinos que oferecem experiências românticas e exclusivas, além de existir um número sem tamanho de dados desatualizados e inconsistentes na internet.

Se for parar para pensar, é bem provável que você esteja vivendo a dúvida de não saber para onde ir por conta da sobrecarga de tarefas e de responsabilidades que existe nesse momento. As atividades não são poucas, e essa sobrecarga vai desde a escolha do local da cerimônia até a contratação de todos os fornecedores envolvidos. E vou além: tudo isso consome um tempo precioso e deixa pouco espaço para que vocês possam se dedicar adequadamente à pesquisa e ao planejamento da lua de mel. A consequência? Vejo que muitas pessoas acabam escolhendo opções mais tradicionais ou menos personalizadas, em vez de explorar destinos e experiências que realmente atendam às suas expectativas.

É bem possível que você esteja se sentindo em algum dos dois quadros que vou descrever a seguir.

1. Sinto muita insegurança e ansiedade

Aposto que você sente incerteza em relação ao destino escolhido, às acomodações e atividades da lua de mel. Tudo isso pode gerar ansiedade, pois você sabe e quer que esse momento seja perfeito e que as escolhas sejam corretas para o casal. Entretanto, essas dúvidas podem estar causando insegurança e preocupação, tirando o prazer e a emoção dessa etapa tão importante.

2. Sinto uma exaustão tremenda! É muita coisa para decidir...

A quantidade de decisões e informações disponibilizadas na internet é gigantesca e é bem possível que muito esteja desatualizado ou seja inconsistente. Pesquisar e filtrar é uma tarefa demorada e exaustiva. Você provavelmente sente-se pressionado e não sabe quais são as suas preferências pessoais, tem dúvidas sobre o orçamento e as expectativas e vê-se esmagado pela quantidade de opções. Como resultado, você está com medo de fazer escolhas inadequadas e de perder dinheiro nesse processo.

E por qual motivo você se encontra nesse cenário? Vamos ver agora duas possibilidades que são muito comuns e vejo com frequência em casais que chegam até a agência Perfectrip.

1. Falta de tempo e prioridades

Planejar um casamento envolve grande investimento de tempo e de energia. Existe uma lista interminável de tarefas a serem concluídas, desde selecionar fornecedores até cuidar dos detalhes da cerimônia e recepção. Nesse cenário, a pesquisa e o planejamento da lua de mel podem ficar em segundo plano ou até mesmo serem negligenciados, gerando decisões superficiais ou apressadas.

2. Falta de acesso a conhecimento especializado

Esse planejamento requer um conhecimento detalhado sobre diferentes destinos, opções de acomodação, atividades românticas e experiências exclusivas. No entanto, nem todas as pessoas têm acesso fácil a esse conhecimento. É possível que você não esteja familiarizado com o mercado de viagens de luxo ou até mesmo que não saiba que existem especialistas em lua de mel. E essa lacuna de informações e orientações personalizadas leva à falta de clareza sobre as melhores opções disponíveis.

Considerando que a lua de mel é um dos momentos mais especiais do casamento, e é a etapa que gerará lembranças diferentes para o casal, quero que entenda que você está no momento certo de pensar e resolver a sua viagem a partir de informações e estratégias adequadas para você e seu amor. Essa viagem marca o início de uma nova jornada juntos e representa uma experiência inesquecível e romântica, que reflete a celebração do amor e cria memórias duradouras.

Além disso, não podemos deixar de considerar que é um investimento significativo, financeira e emocionalmente falando. Por estar disposto a dedicar recursos consideráveis para garantir uma experiência de qualidade, é preciso ter o conhecimento adequado para evitar decepções. Portanto, resolver suas dúvidas e angústias com pessoas especializadas significa proporcionar uma sensação de alívio e confiança, permitindo que vocês desfrutem plenamente dessa ocasião. Isso é o que garantirá uma experiência

Essa viagem marca o início de uma nova jornada juntos.

verdadeiramente memorável e positiva, fortalecendo o vínculo afetivo e proporcionando um começo de vida nova repleto de felicidade e gratidão.

Sendo assim, o meu objetivo aqui é guiar o casal por meio de informações apuradas e oferecer um planejamento personalizado para que a lua de mel seja livre de estresse e siga em direção a um casamento dos sonhos e à criação de memórias cada vez melhores. Para isso, proponho dois passos específicos e que ajudarão você nessa etapa!

Passo 1: Defina as suas preferências e expectativas

Aqui é fundamental que você reflita e defina suas preferências e expectativas para conseguir ter a lua de mel dos sonhos. Sente-se com o seu parceiro ou parceira e, em primeiro lugar, considere o tipo de experiência que desejam. Por exemplo:

- Vocês pensam em ir para uma praia paradisíaca?
- Ou preferem uma cidade romântica?
- Ou então uma aventura emocionante?
- Gostam mais de praias ou montanhas?
- Preferem frio ou calor?

São perguntas-chave muito simples e fundamentais na hora de organizar a lua de mel. E as respostas ajudarão na etapa de planejamento. Outros fatores relevantes são:

- Qual é orçamento disponível?
- Qual deve ser a duração da viagem?
- De quais atividades mais gostam?
- Quais são as atrações que não pode faltar?
- Em qual época do ano a viagem acontecerá?

Pensar sobre tudo isso ajudará vocês a entender para quais lugares podem ir. Além disso, será mais fácil evitar enrascadas de destinos que não possuem tanta entrada turística em determinadas épocas por conta de questões climáticas, por exemplo. E você não quer estragar esse período, certo? Então avaliar esses fatores é fundamental para terem a melhor experiência juntos após o casamento. Minha sugestão é que vocês façam uma lista de desejos

Resolver suas dúvidas e angústias com pessoas especializadas significa proporcionar uma sensação de alívio e confiança.

e prioridades, anotando todos os elementos que gostariam de incluir. Com isso em mãos, vamos para o próximo passo da lua de mel inesquecível.

Passo 2: Consulte um especialista em lua de mel e agência de viagens de luxo

Após definir as preferências e expectativas, é hora de buscar a expertise de um especialista em lua de mel e uma agência de viagens de luxo. Procure uma agência reconhecida nesse segmento, que possua conhecimento em destinos e experiências românticas.

O especialista dedicará tempo para entender as preferências e expectativas específicas do casal, oferecendo sugestões personalizadas e opções sob medida para atender aos desejos. Eles estarão aptos a fornecer informações atualizadas, acesso a destinos exclusivos, acomodações luxuosas e atividades especiais, o que garantirá que a lua de mel seja verdadeiramente memorável.

Ao seguir esse passo a passo, você conseguirá definir as suas preferências e expectativas com uma visão clara do que busca, aproveitando a expertise e a experiência de quem conhece tão bem o assunto e pode lhe ajudar a ter os melhores momentos possíveis, além de garantir que todas as etapas da viagem sejam cuidadosamente planejadas e adaptadas às suas necessidades e desejos – sem surpresas desagradáveis!

É possível que nesse momento você esteja se perguntando: *Nossa, mas será que é mesmo necessário pensar sobre esse serviço?* Com certeza sim, mas para ilustrar melhor a importância, vou contar uma história.

Felipe e Amanda estavam passando pelo processo de planejar o casamento e buscavam uma lua de mel inesquecível. Por estarem muito sobrecarregados com as tarefas do casamento e por não saberem exatamente em quais locais poderiam buscar informações específicas, decidiram seguir as minhas dicas.

Em primeiro lugar, definiram suas preferências e expectativas. Para eles, era importante que a lua de mel fosse uma combinação de relaxamento, aventura e exclusividade. Sonhavam em vivenciar

Façam uma lista de desejos e prioridades, anotando todos os elementos que gostariam de incluir.

uma experiência única em um destino tropical, com praias paradisíacas e uma dose de aventura, além de desejarem acomodações luxuosas e serviços personalizados. Como próximo passo, eles chegaram até a Perfectrip, uma agência de viagens de luxo especializada em lua de mel. A consultora que os atendeu guiou todo o processo e dedicou tempo para entender as preferências e expectativas de ambos, fazendo perguntas detalhadas sobre o que gostavam em termos de destinos, atividades e estilo de acomodação.

O resultado foi um itinerário completamente personalizado para um local chamado Seychelles, um arquipélago que conta com mais de cem ilhas localizado no Oceano Índico, perto da costa leste da África, e com certeza um local paradisíaco. É a combinação perfeita entre praias deslumbrantes e uma enorme variedade de atividades emocionantes, como mergulho, passeios de barco e trilhas na natureza. Além disso, a Perfectrip selecionou acomodações luxuosas em resorts exclusivos, que proporcionaram momentos de privacidade e conforto ao casal.

Felipe e Amanda ficaram encantados com a organização impecável da agência. Cada detalhe foi pensado para promover a melhor experiência, desde a reserva dos voos até os transfers locais e as atividades planejadas, playlist com músicas relacionadas ao casal e ao destino, jantares românticos e exclusivos e tantas outras sugestões. É um momento para se sentir amparado e seguro com a viagem e foi exatamente isso que eles relataram.

Os dois desfrutaram de dias ensolarados em praias paradisíacas, mergulharam em águas cristalinas, exploraram cenários naturais deslumbrantes e tiveram momentos de relaxamento e romance. A lua de mel proporcionada por nós tornou-se o ponto alto do casamento e deixou lembranças preciosas que durarão para toda a vida.

Esse momento é único, e por isso é importantíssimo colocar em prática esses passos para que você consiga celebrar essa nova vida a dois. A lua de mel é um momento para comemorar o amor, relaxar, se reconectar e criar experiências compartilhadas que vão fortalecer o relacionamento. Por meio do planejamento adequado, é possível personalizar cada detalhe da viagem e torná-la perfeita para você e o seu amor.

Por isso, não subestime o valor de investir tempo e esforço no planejamento da lua de mel. Ao buscar o apoio de uma agência de viagens de luxo, você garantirá que essa experiência seja verdadeiramente única e inesquecível. Esse é o momento de realizar os seus sonhos e criar memórias preciosas. Portanto, mergulhe nessa etapa com entusiasmo, dedicação e confiança de que o resultado será recompensador.

Lembre-se de que a lua de mel é uma oportunidade para desfrutar de momentos de intimidade, romance e aventura ao lado da pessoa amada. Então chegou a hora de transformar o seu sonho em realidade, porque você merece vivenciar essa experiência do modo mais extraordinário possível. Lembre-se também de que esse é um capítulo único em sua história.

Não deixe que a falta de tempo, informações desatualizadas ou a sobrecarga do planejamento impeçam você de alcançar o casamento e a viagem dos seus sonhos. Esteja aberto para seguir o passo a passo proposto e buscar orientação especializada. Você não precisa enfrentar esse desafio sozinho. Por isso, invista em você, no seu relacionamento e na construção de momentos significativos ao lado da pessoa que ama. Tenha confiança de que criará as bases para uma lua de mel verdadeiramente excepcional. Permita-se sonhar, explorar e desfrutar de experiências únicas. Sinta-se inspirado a se entregar a essa jornada e permita-se vivenciar o casamento dos seus sonhos!

Para terminarmos, quero deixar um recado: não espere mais! Dê o primeiro passo e coloque em prática o que aprendeu aqui. Você merece uma experiência que vai marcar o início de uma vida a dois repleta de amor, felicidade e cumplicidade. Acredite em si mesmo e prepare-se para embarcar em uma aventura inesquecível. Diga sim a essa oportunidade e mergulhe de cabeça na criação da lua de mel dos seus sonhos.

O casamento é um momento mágico, e sua lua de mel tem o potencial de torná-lo ainda mais especial. Desfrute dessa experiência única com alegria, amor e memórias. Seu casamento dos sonhos está ao alcance de suas mãos, portanto abrace essa ideia e prepare-se para uma viagem extraordinária!

A lua de mel é uma oportunidade para desfrutar de momentos de intimidade, romance e aventura ao lado da pessoa amada.

Marcelle Sarmento

Mãos à obra: lar doce lar

15

MARCELLE SARMENTO é arquiteta formada pela Universidade Federal de Minas Gerais (UFMG) e sócia da empresa Nosso Primeiro Lar, especializada em ajudar casais a montarem o seu primeiro lar com técnica, leveza e autenticidade.

Para saber mais sobre a autora:
@nossoprimeirolar.arq

Cada pessoa tem uma história diferente em relação ao próprio lar. Já parou para pensar sobre isso? É possível que você tenha morado em uma só casa durante a vida inteira ou em diversos lugares diferentes. Em um apartamento pequeno só com os pais, ou em uma casa grande, cheia de familiares e amigos. O local que você cresceu pode ter tido um estilo mais minimalista, mais básico, ou então ter sido cheio de móveis, cores, decorações, quadros e elementos diferentes. Poderia ser mais escuro, mais claro, mais colorido, com texturas ou amadeirado. As possibilidades são infinitas e a verdade é uma só: o local em que você cresceu influencia também a sua percepção de lar.

Já o seu parceiro pode ter morado em um espaço completamente oposto ao seu em termos de "lar doce lar". E com histórias e gostos tão diferentes, e diversas possibilidades, como conciliar tudo isso em uma casa que seja agradável para ambos? Como traduzir todas as experiências e desejos em um só espaço? Casa ou apartamento? Comprar ou alugar? Qual região da cidade é melhor para morar, visto que cada um veio de um canto? Isso sem contar o orçamento limitado, que geralmente é comum para a maior parte dos casais, o

15

que faz com que seja ainda mais difícil montar esse primeiro espaço, que será o ninho do começo de uma nova vida a dois.

E existem também os que já conseguiram ultrapassar a primeira barreira e conseguiram escolher o primeiro lar. Mas como decorar? O que escolher? Quantos sofás coloco na sala? Qual é o melhor tamanho e disposição? Cores claras? Será que não vai sujar? Ou é melhor cores escuras? Será que não vai cansar?

Em outras palavras: depois que dissemos "sim", como materializar a vida dos sonhos e construir o primeiro lar? Com certeza esse tema merece atenção! Escolher, planejar e montar a primeira casa não é uma tarefa fácil, e a expectativa de que tudo seja perfeito é muito grande. Porém, é difícil conciliar todos os sonhos e materializar em um único espaço. Então acredite quando trago aqui, neste capítulo, que, por mais complexo que possa parecer preparar uma casa, essa tarefa deve ser executada com *leveza*, porque desentendimentos sérios nesse momento podem abrir feridas profundas na vida a dois.

Mais do que ter a habilidade para montar um lar, é preciso ter a capacidade de definir com clareza a essência de cada um e como vocês querem que tudo funcione. Se isso não estiver muito claro, o dia a dia do casal será impactado por uma casa sem funcionalidade e sem organização, ou por móveis incompatíveis com o espaço disponível. Afinal, o resultado não refletirá os gostos e hábitos de ambos.

A ansiedade é grande, principalmente por medo de cometer erros na decoração e de se arrepender das escolhas – até porque, muitas vezes, o valor destinado a isso já está limitado em função dos gastos com o casamento. E muito além do orçamento, não posso deixar de mencionar a disponibilidade de tempo (e energia!). A rotina diária de trabalho e as atividades pessoais já demandam muito tempo. Se você está organizando uma festa de casamento, fica ainda mais complicado equilibrar a quantidade de decisões que precisam ser tomadas. Tudo isso pode frustrar os resultados obtidos na hora de planejar o seu lar.

Surge, nesse momento, uma série de sentimentos e emoções que potencializam a sensação de incapacidade e frustração para uma tarefa "tão fácil" como preparar o primeiro lar para a vida a dois. Talvez vocês estejam se comparando com aquele casal de amigos que acabou de se casar e, como em um passe de mágica, está morando em uma casa linda e bem montada. Ou é possível que estejam olhando aquele perfil na rede social que, além de decorar, ensina como fazer... E eles nem são arquitetos. É possível que se sinta paralisado com esse mundo de opções e possibilidades. Socorro! As informações são tantas e infinitas que é compreensível ficar paralisado.

E além de toda a insegurança para escolher as melhores opções na montagem do lar, surge um sentimento de culpa pela pressão de ter que criar um ambiente que satisfaça suas próprias expectativas e a da família e amigos, afinal, todos estão ansiosos para conhecer a casa nova. E sabe por que isso acontece e é tão difícil?

Porque vivemos em um mundo que tem que parecer perfeito para ser postado nas redes sociais. As casas, assim como nós mesmos, têm que estar dentro de um padrão irreal que será mostrado para os outros. Mas quem foi que disse que o nosso lar tem que estar dentro de padrões? A nossa casa é um reflexo de quem somos, da nossa história, dos nossos hábitos e das nossas paixões. Ela deve ser autêntica e verdadeira. Somente dessa forma ela nos trará aconchego.

Muitos pensam que criar uma casa é algo feito somente com técnica e razão, mas isso não é verdade. Somos pessoas e nos relacionamos por meio das emoções. Dessa forma, o que mais importa na construção de um lar é a pergunta: "Como vou me sentir nesse espaço?". Esse é o ponto de partida para construir um local leve e aconchegante que fará vocês felizes. Se gosta de natureza, a casa deverá receber plantas, móveis e materiais de acabamento naturais. Se gosta de receber a família e os amigos, a casa deverá estar preparada para isso. Se tem um espírito criativo e irreverente, você pode apostar em peças, cores e texturas diferentes. Se prefere algo mais simples, pode seguir um estilo minimalista.

Sendo assim, para que o novo lar seja funcional, organizado e aconchegante, é fundamental refletir profundamente sobre os gostos e os hábitos do casal e materializar isso em anotações e checklists. Caso vocês discordem em algum ponto, pensem na melhor escolha que vai facilitar o dia a dia de vocês, tentando equilibrar os gostos.

É preciso definir com clareza como vocês querem que tudo funcione.

Planejar detalhadamente cada passo da montagem fará toda a diferença no resultado. Vocês deverão refletir em conjunto quais são as prioridades do casal para definir se será uma casa ou apartamento. Pensar na rotina de deslocamento, trabalho e estudo para definirem o melhor local para morar. Estipular o orçamento disponível para reforma ou montagem do novo lar, a fim de que não comecem a vida a dois com dívidas.

Agora que você tem os primeiros direcionamentos, mãos à obra! Preparei alguns passos que facilitarão a sua vida (e as decisões) a partir de agora.

Passo 1

Quero que pause por um tempo e faça uma lista de hábitos e hobbies do casal. Por exemplo: "Gostamos de cozinhar e receber os amigos e familiares no fim de semana. Trabalho em home office e gosto de ler em uma poltrona de leitura". Aqui a ideia é refletir sobre como vocês utilizarão cada ambiente.

A partir dessas anotações, agora é hora de pensar nos móveis que não podem faltar em cada ambiente. Por exemplo: cozinha equipada para cozinhar em casa, mesa de jantar para seis pessoas, poltrona de leitura etc. Abuse das ideias e pense em como deixar esse ambiente bem funcional.

Aqui vocês também podem pesquisar sobre os estilos arquitetônicos e escolher o que mais combina: clássico, moderno/contemporâneo, rústico, minimalista, étnico, vintage, industrial. Se as opiniões forem diferentes, tentem pensar como é possível agregar elementos juntos. O importante é encontrar um jeito de deixar o lar combinando com o que vocês gostam.

Passo 2

Após a definição do local e do estilo, chegou o momento de medir os cômodos e desenhar a disposição dos móveis do layout. Assim você definirá de modo mais acertado o tamanho e a disposição de tudo. Para isso, caso você tenha interesse, existem alguns aplicativos que podem ajudar nessa tarefa.

Passo 3

Chamamos de *moodboard* de arquitetura a combinação de cores, materiais e elementos que servirão como base para a escolha dos móveis, acabamentos e elementos decorativos. E sim: chegou a hora de montar o seu *moodboard*.

Aqui a dica de ouro é definir uma paleta neutra para o mobiliário e ousar nas cores em pontos específicos e nos objetos de decoração. Assim, você renovará a sua casa mudando apenas as cores das paredes ou trocando objetos. Entretanto, nada impede que a base seja colorida, se esse for o estilo que mais agradar você.

Passo 4

Chegou a hora de escolher os objetos e elementos que vão fazer parte da decoração. Para isso, abuse da criatividade! O importante é que o lar seja um reflexo do que vocês são. Aqui, vale pensar naquele objeto que você trouxe de uma viagem, um móvel ou a louça presenteada pela sua avó, quadros e fotografias. Enfim, aquilo que faz parte da história de cada um e faz sentido na nova vida a dois.

Pronto! Seguindo cada um desses passos, você conseguirá materializar o seu primeiro lar sem estresse e desentendimentos. E para isso você não precisa, necessariamente, ser um arquiteto. Há diversos casais que não são e curtiram tanto montar o primeiro lar que fizeram blogs e canais com dicas incríveis sobre o assunto. Entretanto, caso você tenha a possibilidade e a vontade, é possível também curtir essa jornada contando com o auxílio de profissionais da área, como um arquiteto ou um decorador.

Um bom arquiteto poderá ajudar você a criar o seu ninho de amor sem nenhum desgaste. O site **www.nossoprimeirolar.com.br** também contém checklists e informações poderosas sobre como dar esses primeiros passos em seu espaço, falando por exemplo sobre projeto de arquitetura, decoração, acompanhamento na escolha do mobiliário, revestimentos nas lojas, gerenciamento da obra ou consultorias específicas, caso tenha interesse. Para acessar, deixei um QR Code ao lado. Você pode apontar a câmera do seu celular para ele ou acessar o link em seu navegador.

Para a sua casa, quero que tenha em mente que o importante é que os móveis sejam projetados ou escolhidos estrategicamente para manter organizados todos os seus objetos pessoais. Para isso, você pode apostar em caixas e utensílios que ajudarão a definir um lugar para tudo e aproveitar cada espaço disponível. Se tiver dificuldades, um personal organizer pode ajudar você nesse primeiro momento.

Além de organizar, harmonizar os ambientes é fundamental. Há uma antiga técnica chinesa chamada feng shui que tem como objetivo eliminar as energias negativas dos ambientes, trazendo equilíbrio e harmonia, e que pode ser utilizada em seu lar. Caso tenha interesse e goste do assunto, minha sugestão é que procure profissionais da área ou conteúdos específicos sobre isso. As cores também têm poder e você pode procurar sobre a psicologia das cores para influenciar positivamente o comportamento humano da sua família.

Vale a pena também pesquisar sobre a biofilia na arquitetura, que é a incorporação da natureza em projetos arquitetônicos, utilizando elementos naturais, como plantas, mobiliário, materiais sustentáveis e luz natural. Os benefícios incluem: melhora do bem-estar e aumento da conexão emocional com o ambiente, resultando em maior aconchego.

Para fecharmos, quero trazer que sonhar e planejar a vida a dois é um momento único na vida de um casal, e materializar esses sonhos, ou seja, montar um lar, deve ser prazeroso e divertido. Chegou a hora de focar o que importa: começar essa fase com amor e harmonia, rodeado de objetos cheios de significado e autenticidade e que reforcem o que realmente é importante para vocês. Então faça desse momento uma oportunidade para começar uma vida mais simples, sem apegos, se desfazendo de todas as peças e objetos que não farão sentido nesse ciclo da sua vida. Esses objetos podem (e farão) toda a diferença na vida de outras pessoas.

E lembre-se: esse é só o começo. Com muita convivência, cumplicidade e amor, vocês encontrarão a fórmula ideal para uma vida a dois. Invista tempo e energia na criação do espaço no qual viverão momentos prazerosos e inesquecíveis. Afinal, a felicidade de um casamento é proporcional à harmonia de um lar!

Sonhar e planejar a vida a dois é um momento único na vida de um casal, e materializar esses sonhos, ou seja, montar um lar, deve ser prazeroso e divertido.

Cassiane Dorigon,

16

Mantenha a chama acesa!

CASSIANE DORIGON é sexóloga, palestrante, empresária, mentora de mulheres que buscam o desejo sexual e o prazer, é fundadora da Al Intare, empresa voltada para a saúde íntima feminina e do casal. É formada pela Universidade Federal de Santa Catarina (UFSC), master em Linguagens pela Universidade de Salamanca e pós-graduada em Sexologia e Educação Sexual.

Nasceu em uma pequena vila, na cidade Alfredo Wagner, no interior de Santa Catarina, mas reside há muito tempo em Florianópolis. Atuou por trinta anos como professora de espanhol, principalmente nos cursos de pré-vestibular e ensino médio. Foi nesse momento que começou a ajudar mulheres e jovens em suas questões íntimas e percebeu que essa era a sua missão de vida.

É apaixonada pelas duas filhas, pela leitura e por animais. Adora praticar hipismo e viajar, que é quando recarrega suas energias.

Para saber mais sobre a autora:
@cassianedorigon
@al_intare
@AlIntare

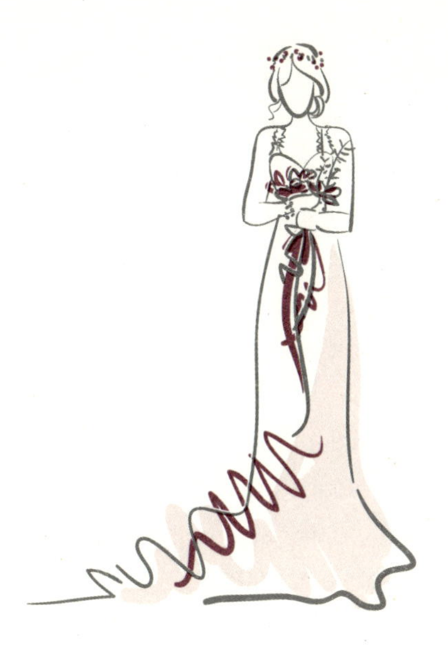

16

É muito triste ver que os noivos costumam ficar tão estressados, exaustos e envolvidos com todas as partes burocráticas de uma festa de casamento que acabam, muitas vezes, deixando a sexualidade de lado. E esse problema pode acontecer antes e depois da cerimônia. Para começarmos, quero contar uma história de um casal que atendi.

Beatriz e Leonardo tinham tantos itens na lista de tarefas do casamento para organizar, contas para pagar e preocupações com a casa nova que, durante os momentos íntimos, não tinham cabeça para estabelecer uma conexão emocional. Juntos, cumpriam apenas um ritual automático.

Como você pode imaginar, não demorou muito para que ela me procurasse, pois tinha perdido a vontade de ter relações com o seu príncipe encantado. Não estava vivendo a vida sexual com a qual sonhara. Como casal, e fora a vida sexual, Beatriz e Leonardo estavam felizes, se entendiam e se completavam, mas, nessa área que representa tanto em um relacionamento e é tão importante para ambos, ela estava perdida.

Relatou que sentia que a conexão entre eles estava diminuindo e temia que sua vida sexual ficasse como a de sua irmã mais velha, que inventava mil desculpas para evitar o marido e perdeu completamente o desejo por ele. É possível que você não saiba, mas 48,5% das mulheres brasileiras passam por esse problema segundo uma pesquisa feita pelo Cresex.[4] Se você está lendo isso e ficou com medo, acredite: você não precisa passar por esse processo.

Em minha experiência como sexóloga e fundadora da Al Intare, empresa voltada para a saúde íntima feminina e do casal, percebo que o grande problema da maioria dos casais começa com o simples fato de deixarem a intimidade de lado. Acompanho muitas mulheres e homens que fazem isso e percebo que é extremamente comum a perda do desejo depois de algum tempo de casamento. A intimidade, consequentemente, acaba entrando no piloto automático.

Quando um casal deixa sua vida íntima entrar no automatismo, perde-se, aos poucos, o desejo, a conexão, a troca de olhares, a cumplicidade, o toque e o beijo, e passa-se a viver uma vida como amigos. Isso sem considerar quando a situação piora e até amigos deixam de ser. Passam a viver em um modo de convivência, ou seja, que apenas moram sob o mesmo teto, em vez de estarem em um modo de relacionamento, que remete a uma relação, com trocas de afeto e amizade.

Ouço muitas mulheres e homens falarem que se arrependem de não terem dado mais atenção à sua vida sexual desde o princípio. Nesses casos, hoje esses casais têm muita dificuldade em se reconectar, em se tocar com prazer, em ter desejo um pelo outro apenas se olhando. E por que isso acontece? Porque perderam uma parte essencial do relacionamento: *a chama*. E ela precisa ser nutrida diariamente. É comum acharmos, como jovens e no início de um relacionamento, que não precisamos mais nutrir a nossa sexualidade, que tudo vai funcionar na fluidez como foi até agora.

Cuidar da sexualidade deve seguir a mesma lógica com a qual cuidamos de todas as outras áreas da vida e da preparação da cerimônia de casamento, como cuidar das contas, do vestido, da decoração, do que será servido etc. Se você deixar esses itens de lado, não existirá casamento. Se deixar a sexualidade de lado, não existirá relacionamento – ou ele ficará

4 Falta de desejo sexual afeta 48,5% das mulheres. **Saúde SP**, 21 nov. 2013. Disponível em: https://www.saude.sp.gov.br/ses/noticias/2013/novembro/falta-de-desejo-sexual-afeta-485-das-mulheres. Acesso em: 11 jul. 2023.

Cuidar da sexualidade deve seguir a mesma lógica com a qual cuidamos de todas as outras áreas da vida e da preparação da cerimônia de casamento.

muito abalado –, pois é a partir de uma vida sexual saudável e ativa que vem grande parte da conexão, da intimidade e da cumplicidade do casal.

É possível que você já tenha filhos ou conheça quem tem e relata que, após os filhos, a vida sexual acaba. Isso até pode ser comum, mas com certeza não é saudável para o casamento. Assim, meu objetivo é mostrar que você precisa estar preparado para cada fase que virá, desde os preparativos para o grande dia, o dia em si, e a vida que seguirá após essa data tão especial.

Para que você cuide de tudo isso, quero que pense que precisa estabelecer o equilíbrio, afinal, é dele que se sustentam os relacionamentos mais saudáveis e belos. Equilíbrio entre corpos e almas. Portanto, para manter uma relação saudável e plena, saiba que precisa cuidar do elemento sexualidade com a mesma seriedade com que cuida de todas as áreas de sua vida.

É possível que seja uma surpresa para você, mas nós fomos criados e educados para *não* pensar ou falar sobre sexo. Crescemos vendo a sexualidade como um tabu e, mesmo na vida adulta, muitas pessoas sentem-se intimidadas ou com vergonha de abordar o tema dentro de casa. E dificilmente um relacionamento sobreviverá à falta de comunicação quando as coisas não estão fluindo bem. E digo mais: pela minha experiência, percebo que esse problema é muito mais latente nas mulheres, que crescem ouvindo que não podem explorar a sua sexualidade em nenhum âmbito social.

Outra situação que percebo com frequência nos casais é a utilização do sexo como válvula de escape para os problemas do cotidiano. Por nos trazer prazer e para fugir da tensão, ele é praticado quando existe um problema financeiro, profissional ou em família. E essa conduta não só é muito comum como acarreta, a longo prazo, mais tensão e peso em cima do ato, deixando de ser prazeroso e conectivo, e passando a ser doloroso.

Dificilmente um relacionamento sobreviverá à falta de comunicação.

Você já disse "sim", agora o que falta é nutrir tudo o que essa nova fase traz. Vejo muitas pessoas falando que casamento é sinônimo de ser feliz para sempre, então quero que você imagine que essa felicidade está conectada ao romance, ao amor e ao sexo, que une corpos, mistura energias e interliga almas. Assim você conseguirá obter sucesso em seu relacionamento.

Para iniciarmos a metodologia, quero que você pense que as palavras-chave são: *consciência*, *foco* e *conexão*. A *consciência* parte do que vocês precisam observar diariamente na vida íntima. O *foco* surgirá da promoção de atitudes direcionadas ao que realmente querem: um relacionamento amoroso, com conexão emocional e sexual. Por fim, ao ter consciência e colocar foco no que é necessário, vocês vão manter ou despertar a *conexão* sexual e emocional. Poderoso, não é?

E assim, para manter – e aproveitar muito mais – o "felizes para sempre", sugiro que siga os cinco passos que deixarei a seguir.

1. Comunique-se!

Mantenha *sempre* uma comunicação aberta com o seu parceiro ou parceira. Fale sobre o que você gosta, como se sente, o que é importante e inegociável para você. Estar em sintonia e se comunicar bem é fundamental para que a relação a dois seja mais próspera. E se você está imaginando que esse pilar vale apenas para a vida sexual, está enganado. Quero que leve isso consigo para todas as áreas!

Não entregue a responsabilidade do seu prazer e das suas ações ao outro. A sua felicidade (dentro e fora da cama) depende de você. Por isso, comunique preferências, o prazer de determinadas posições, desconfortos e se estiver com falta de desejo. Vocês precisam ser honestos um com o outro. Só assim vão evoluir juntos.

2. Surpreenda

Durante o namoro, vivemos muitos momentos gostosos e é muito comum nos esquecermos de que é preciso trazer essas ocasiões para o casamento. Por isso, façam surpresas um para o outro com certa frequência. Pode ser um bilhete escrito à mão, um presente sem data especial, uma noite romântica ou um jantar fora. A ideia aqui é manter o romantismo vivo.

Para isso, você não precisa necessariamente de um valor financeiro alto, mas sim de um investimento de tempo, que é nosso ativo mais precioso atualmente. Então faça com que o outro se sinta lembrado e valorizado, porque essa é uma das melhores formas de excitar alguém, tanto física quanto emocionalmente.

3. Estabeleça conexão emocional

Fortaleça a conexão emocional com o seu parceiro ou parceira demonstrando afeto, carinho e amor no dia a dia. *Mas como é possível fazer isso?*, você pode estar se perguntando. Simples!

- Não deixe de olhar nos olhos ao falar com a pessoa, seja para dar bom-dia ou comunicar algo importante;
- Mostre o quanto você ama o seu marido ou sua esposa;
- Demonstre admiração desde as pequenas conquistas;
- Elogie com frequência;
- Conte também sobre as suas conquistas e preocupações.

São passos muito fáceis, mas que fazem com que o companheiro ou a companheira se sinta importante para você. Lembre-se de que a intimidade emocional fortalece a intimidade física, já que romance e sexo estão intimamente relacionados.

4. Tenha atenção à intimidade

Dê atenção à intimidade física. Nunca se esqueça de que o sexo é uma parte muito importante no relacionamento e é preciso explorar e experimentar coisas novas, mas não se prenda somente a isso.

Momentos de carinho, como beijos, abraços e toques afetuosos são de extrema importância. Por isso, não os guarde somente para o sexo. Use sem moderação, mas com muito amor, em várias horas do dia. E muito importante: beijem-se como sempre se beijaram. O beijo é uma das formas mais sublimes de expressar amor.

5. Tenha tempo de qualidade

Muitos se esquecem, mas tempo de qualidade em casal é fundamental. Então façam atividades de que ambos gostam, desconectem-se dos eletrônicos e concentrem-se um no outro. Essa atenção exclusiva e mútua ajuda a fortalecer o vínculo emocional e sexual.

Utilizando esses passos simples, e aplicando hoje mesmo em seu relacionamento, tenho certeza de que a intimidade vai melhorar – mesmo se ela não estiver abalada.

Voltando ao caso da Beatriz e do Leonardo, quando ela percebeu que a sua energia sexual estava ameaçada e que, com isso, a conexão íntima do casal também, Beatriz entendeu que eles estavam priorizando muito mais a resolução dos problemas do que um ao outro. Estavam esquecendo-se do que é tão ou mais importante do que a cerimônia de casamento, ou seja, estar ao lado da pessoa amada. E fazer isso de corpo e alma. Esqueceram-se de que precisavam ser felizes um com o outro, de que se casariam para estar *juntos* e não simplesmente para compartilhar problemas e contas.

Parece óbvio, mas quando mostrei isso a ela foi surpreendente a mudança que aconteceu no relacionamento. Com consciência, Beatriz percebeu o que estava acontecendo e colocou foco na mudança de atitude para melhorar a conexão perdida.

Em primeiro lugar, falou para o parceiro sobre como se sentia. Ele tampouco tinha percebido que a relação estava abalada, mas notou também que precisavam agir para evitar que o tão sonhado casamento pudesse correr qualquer tipo de risco. A única coisa que nunca desejaram foi viver uma vida no automático. Colocaram todos os passos em prática e, com calma (porque não adianta fazer tudo de uma vez e por pouco tempo), mudaram o relacionamento e voltaram a desfrutar da vida que tinham poucos meses antes.

Por isso, se você está se casando em breve, quero que tenha a mesma sensibilidade de Beatriz e não deixe a sexualidade do casal para depois. Você pode e vai ser muito feliz se colocar o que viu aqui em ação. Portanto, agora que disse "sim", assuma o compromisso de seguir esse passo a passo. Viva e experiencie com alegria cada um deles. Saiba que a lua de mel nunca precisa terminar e você deve falar sobre tudo isso com seu parceiro ou parceira.

Prepare-se de corpo e alma e conecte-se com o seu amor para que as experiências sexuais sejam intensas e inesquecíveis para o resto da vida. Faça da vida em casal um grande álbum de lembranças positivas. Seduza sempre, pois a constância é um grande aliado de todas as

Saiba que a lua de mel nunca precisa terminar.

boas atitudes. Abrace, beije na boca, troque gestos afetuosos. Jogos sexuais ou fantasias e brinquedos também são ótimas ferramentas para casais que se permitem experimentar. Invista em sua vida íntima para que o desejo despertado seja constante. E se você se perder, lembre-se da Beatriz e do Leonardo, que se priorizaram e conseguiram retomar a chama do amor.

Por fim, desejo que você e seu amor consigam viver uma vida maravilhosa e sexualmente excitante! Vocês escolheram viver juntos para sempre, então que seja um *para sempre* muito feliz, com muito amor e muita conexão. Vocês estão prontos para isso!

Faça da vida em casal um grande álbum de lembranças positivas. Abrace, beije na boca, troque gestos afetuosos.

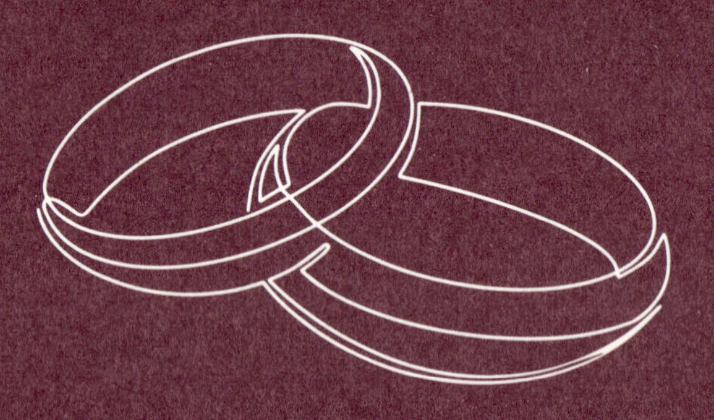

Lucinha Silveira

Conclusão

Chegamos ao fim desta jornada! Quero oferecer para você agora um abraço carinhoso, cheio de alegria e felicidade por você ter concluído esse processo tão importante! Tenho certeza de que você aprendeu muito, explorou os sentimentos mais profundos e desvendou os segredos para construir o casamento dos sonhos.

O amor é verdadeiramente a essência que une duas almas, e o casamento é a sublime celebração desse vínculo sagrado. Ao longo deste livro, compartilhamos histórias emocionantes, dicas valiosas e inspirações para que a sua jornada até o altar seja memorável e repleta de magia. Então faça desse projeto uma companhia inspiradora e enriquecedora para você em todos os momentos que achar necessário.

A partir de agora, o futuro se apresenta como uma tela em branco, pronta para ser preenchida com as mais belas cores do amor. Caminhem juntos, lado a lado, enfrentando os desafios com coragem e celebrando as alegrias com entusiasmo. É justamente na mistura de momentos doces e desafiadores que reside o verdadeiro significado do amor.

Quero que saiba que nossa aventura não termina aqui. Você apenas chegou ao fim do projeto, entretanto existe muito que precisa ser planejado e cuidado para que tenha o melhor dia da sua vida. Então chegou a hora de colocar a mão na massa, e não hesite em nos procurar caso tenha necessidade! Eu, Lucinha Silveira, ao lado dos dezesseis experts que você conheceu aqui, estaremos prontos para ajudá-lo.

Então acredite em si, permita-se viver tudo aquilo que sempre sonhou. Que o amor ilumine cada passo do seu caminho. O seu casamento merece ser um momento inesquecível e desejo que a felicidade transborde em cada detalhe da sua história.

Felicidades!

O amor é verdadeiramente a essência que une duas almas, e o casamento é a sublime celebração desse vínculo sagrado.

Este livro foi impresso
pela Gráfica Rettec
em papel pólen bold 70g
em fevereiro de 2024.